Spinner | Literarisches Lernen

Kaspar H. Spinner
Literarisches Lernen

Aufsätze

Reclam

RECLAMS UNIVERSAL-BIBLIOTHEK Nr. 14235
2022 Philipp Reclam jun. Verlag GmbH,
Siemensstraße 32, 71254 Ditzingen
info@reclam.de
Gestaltung: Cornelia Feyll, Friedrich Forssman
Druck und Bindung: Elanders Waiblingen GmbH,
Anton-Schmidt-Straße 15, 71332 Waiblingen
Printed in Germany 2025
RECLAM, UNIVERSAL-BIBLIOTHEK und
RECLAMS UNIVERSAL-BIBLIOTHEK sind eingetragene Marken
der Philipp Reclam jun. GmbH & Co. KG, Stuttgart
ISBN 978-3-15-014235-6
reclam.de

Inhalt

Vorbemerkung des Autors

Literarisches Lernen ist ein in der Literaturdidaktik heute gern genutzter Begriff, mit dem aber sehr Unterschiedliches bezeichnet wird. Viel zitiert wird die Konkretisierung des literarischen Lernens durch die »elf Aspekte«, die ich in dem gleichnamigen Beitrag vorgeschlagen habe, der zuerst 2006 als Basisartikel in der Zeitschrift *Praxis Deutsch* erschienen ist und der diesen Band eröffnet. Die Online-Zeitschrift *leseräume* etwa hat 2015 ein ganzes Heft diesen Aspekten gewidmet, mit Analysen, Kritik und Weiterführungen (http://leseräume.de/?page_id=308). Die weiteren hier abgedruckten Beiträge entstammen Sammelbänden, die im Buchhandel nicht mehr erhältlich sind und behandeln entweder einzelne Aspekte des literarischen Lernens weiterführend, stellen eine Verbindung zu anderen Lernbereichen des Deutschunterrichts (kreativem Schreiben, Filmdidaktik) her oder zeigen, wie literarisches Lernen einen Beitrag zu übergreifenden Bildungszielen leisten kann, also zu dem, was auch als Bildung durch Literatur bezeichnet wird. Es freut mich, dass diese bislang verstreut erschienenen Aufsätze hier erstmals versammelt dem Publikum vorgelegt werden können.

Kaspar H. Spinner

Literarisches Lernen

»Literatur« und »Lernen« – das sind zwei Begriffe, die einander nicht so ohne Weiteres gewogen sind. Der eine assoziiert Fantasie, Spannung, Vergnügen, der andere Nützlichkeit, Überprüfbarkeit und Mühe. Wie kommen die beiden zusammen?

Der Begriff des literarischen Lernens gründet in der Auffassung, dass es Lernprozesse gibt, die sich speziell auf die Beschäftigung mit literarischen, das heißt hier: fiktionalen, poetischen Texten beziehen. Er grenzt sich ab vom Begriff der Lesekompetenz, der – vor allem seit der Veröffentlichung der ersten PISA-Studie – stark pragmatisch geprägt ist und sich unterschiedslos sowohl auf literarische als auch auf nichtliterarische Texte beziehen lässt. Dass in der Deutschdidaktik der letzten Jahre der Begriff des literarischen Lernens vermehrt diskutiert wird, hat damit zu tun, dass man der Literatur weiterhin einen wichtigen Stellenwert im Unterricht einräumen und dafür spezifische Lernprozesse beschreiben will. Dass dies sinnvoll ist, zeigt auch eine vertiefende Analyse zu den PISA-Daten. In Ergänzung zur ursprünglichen Rahmenkonzeption von PISA haben Cordula Artelt und Matthias Schlagmüller die erhobenen Daten auch daraufhin untersucht, ob es einen Unterschied in der Kompetenz beim Umgang mit literarischen Texten im Vergleich zum Umgang mit anderen Texten gibt, und signifikante Abweichungen festgestellt (Artelt/Schlagmüller 2004). Sie kommen zur Schlussfolgerung, dass der kompetente Umgang mit literarischen Texten offenbar andere Lese- und Verstehensanforderungen stelle als der Umgang mit anderen Texten (wobei übrigens Jugendliche in Deutschland, im Gegensatz zu manchen anderen Ländern, bei den literarischen Texten schlechter abschneiden als bei nichtliterarischen Texten). Bei IGLU (Internationale Grundschul-Lese-Untersuchung) sind von vornherein Daten zum Leseverständnis von literarischen und von Informationstexten auch einer getrennten Auswertung unterzogen worden (vgl. Bos u. a. 2003, S. 79–87).

Literarisches Lernen und Erwerb von Lesekompetenz sind allerdings nicht nur hinsichtlich der Textsorten, um die es geht, voneinander zu unterscheiden, sondern auch bezogen auf die mediale Vermittlung. Lesekompetenz bezieht sich auf das Lesen von Geschriebenem und Gedrucktem, während literarisches Lernen auch auditive und visuelle Rezeptionsformen, also etwa Hörbuch oder Theater, einschließt und deshalb schon vor dem Erwerb von Lesekompetenz eine Rolle spielt: Schon Kleinkinder machen – vor dem Lesenlernen – Bekanntschaft mit literarischen Texten, von den Einschlafliedern bis zum Anhören von Hörkassetten und zu (Puppen-)Theaterbesuchen. Orale Vermittlung von Literatur gewinnt heute auch für Jugendliche und Erwachsene immer größere Bedeutung (vgl. dazu Praxis Deutsch 185/2004 mit dem Titel »Literatur hören und hörbar machen«).

Als Verbindungsglied zwischen den Begriffen Literatur und Lernen kann der Kompetenzbegriff gelten. Er ist in der neuen Bildungstheorie und -diskussion zum Schlüsselbegriff geworden. Bezogen auf den Literaturunterricht bedeutet er, dass für den Umgang mit literarischen Texten bestimmte Kompetenzen zu beschreiben sind, die im Unterricht gefördert werden können. In einem kompetenzorientierten Literaturunterricht richtet man den Blick nicht primär darauf, ob man (zum Beispiel) zu einer angemessenen Interpretation gelangt, sondern darauf, ob die Schülerinnen und Schüler Fähigkeiten erwerben, die dann im Umgang mit anderen Texten wieder zum Einsatz kommen können. Ziel des literarischen Lernens ist in diesem Sinne die literarische Kompetenz (vgl. dazu z. B. Abraham 2005). Das schließt kumulatives Lernen ein und damit die Überlegung, ob und wie das, was man in einer Unterrichtseinheit vermittelt, aufbaut auf dem, was vorher gemacht wurde, und auf weitere Lernprozesse vorbereitet. Diesen Anspruch erfüllt die herrschende Praxis des Literaturunterrichts oft nicht, weil man nur daran denkt, wie man dem jeweils behandelten Werk gerecht werden kann (so erkundigen sich auch Lehrkräfte, die eine Klasse übernehmen, zwar allenfalls danach, welche Texte behandelt worden sind, aber welche Kompetenzen – z. B. welche Untersuchungsstrategien mit welchen Begriffen – im Jahr vorher vermittelt worden sind, interessiert kaum, obschon in einem kompetenzorientierten Unterricht gerade darauf aufzubauen wäre). Zu beachten ist, dass die Fähigkeiten, die an einem Gegenstand erworben worden sind, nicht automatisch auf andere Gegenstände übertragen werden; der Transfer muss im Unterricht immer wieder eigens angeregt und unterstützt werden.

Literarisches Lernen als Erwerb von Lesekompetenz meint mehr als motivierende Leseförderung, die den Schwerpunkt auf die Vermittlung von Leselust legt. Einem Gegensatz zwischen Leseförderung und literarischem Lernen (wie er in der Vergangenheit zum Teil herausgestellt worden ist) sollte allerdings nicht das Wort geredet werden (vgl. dazu z. B. Rosebrock 1999). Ein genaueres und vertieftes Verstehen von literarischen Ausdrucksweisen kann, didaktisch gut gestaltet, eine positivere Einstellung zum literarischen Lesen unterstützen. Zwar ist es immer noch so, dass vielen Schülerinnen und Schülern im Laufe der Schulzeit durch den Unterricht die Freude an der Literatur ausgetrieben wird, aber es gibt, wie die Lesesozialisationsforschung gezeigt hat, auch die andere Erfahrung, nämlich dass durch den Unterricht die Augen geöffnet worden sind für intensives, vertieftes literarisches Verstehen. Die folgende genauere Bestimmung des literarischen Lernens zielt auf einen Unterricht, der den Schülerinnen und Schülern den Erwerb literarischer Kompetenz als Gewinn erfahrbar macht. Das literarische Lernen wird dabei nicht auf die Fähigkeit der Analyse spezifischer literarischer Ausdrucksmittel (Stilfiguren, Verslehre, Erzähltechnik ...) reduziert; im Gefolge insbesondere der werkimmanenten Interpretation hat man zum Teil die Auffassung vertreten, man müsse vor allem durch solche Analyse dem ästhetischen Charakter literarischer Texte gerecht werden. Dabei bleiben jedoch so zentrale Aspekte wie die Imagination oder die Perspektivenübernahme beim Lesen unberücksichtigt. Deshalb wird in der jüngeren Diskussion dezidiert ein weiterer Begriff des literarischen Lernens vertreten. Mit Nachdruck hat die didaktische Forschung auch gezeigt, dass literarisches Lernen nicht nur eine Angelegenheit höherer Klassenstufen ist, sondern von Anfang an schon in der Grundschule wichtig ist (dazu vor allem Waldt 2003) und durch die vorschulische Lesesozialisation, vor allem durch Vorlesesituationen, vorbereitet wird (Wieler 1997).

Ausdrücklich sei betont, dass das literarische Lernen, so wie es im Folgenden dargestellt wird, nicht alle Zielsetzungen des Literaturunterrichts umfasst. Er dient beispielsweise auch der Erschließung von Inhalten (z. B. von moralischen Problemen), der Förderung psychologischer Einsichten, dem sozialen Lernen, dem Einblick in Geistesgeschichte und somit ganz allgemein der Vermittlung von Weltwissen. All dies meint literarisches Lernen hier nicht (bzw. nur in dem Sinn, dass eine bestimmte Art des Umgangs mit solchen Inhalten durch literarisches Lernen angeeignet wird).

Mit dem Kompetenzbegriff stellt die hier vorgestellte Konzeption literarischen Lernens einen Bezug zu den Bildungsstandards her, für die das Prinzip des »kumulativen Kompetenzerwerbs« (so in der Vereinbarung der Kultusministerkonferenz vom 4. 12. 2003 zu den Bildungsstandards für den Mittleren Schulabschluss) ebenfalls wichtig ist. Die Bildungsstandards für den Hauptschulabschluss und für den Mittleren Schulabschluss fassen in einer Rubrik »literarische Texte verstehen und nutzen« explizit Zielsetzungen für den Literaturunterricht zusammen; bei den Bildungsstandards für die 4. Klasse wird zwar nicht getrennt zwischen literarischen und Sach- und Gebrauchstexten, aber es finden sich auch da einzelne Bildungsstandards, die sich speziell auf literarische Texte beziehen. Die einzelnen Standards wirken dann allerdings bei allen Klassenstufen (4, 9 und 10) wie eine unverbundene Aneinanderreihung von Lernzielformulierungen. Es zeigt sich, dass die von der Kultusministerkonferenz vorgesehene Entwicklung schlüssiger Kompetenzmodelle eine Aufgabe ist, die von der Fachdidaktik noch zu leisten ist. In der folgenden genaueren Explikation dessen, was literarisches Lernen ist, verweise ich zumindest andeutungsweise bei einzelnen Aspekten auf die Kompetenzentwicklung im Laufe der Schulzeit. Für das erste bis sechste Schuljahr findet man im Übrigen bei Petra Büker (2002, S. 129–133) eine Art Curriculum des literarischen Lernens. Anhaltspunkte bilden auch die Untersuchungen zur Entwicklung des literarischen Verstehens (knappe Zusammenfassung des Forschungsstandes bei Eggert/Garbe 1995, S. 22–26), die vor allem in den 80er Jahren des vorigen Jahrhunderts durchgeführt worden sind; sie bedürften allerdings heute einer breiteren empirischen Absicherung.

Elf Aspekte literarischen Lernens

Die im Folgenden angeführten elf Aspekte literarischen Lernens erstrecken sich von der imaginativen Verstrickung in die Lektüre bis zum kognitiven und Distanzierung erfordernden literaturhistorischen Bewusstsein. Alle Aspekte sind jedoch auf allen Klassenstufen relevant (Grundschulkinder begegnen der Historizität von Literatur z. B. anhand altertümlicher Wörter in Märchen).

Beim Lesen und Hören Vorstellungen entwickeln

Literarische Texte halten zur Vorstellungsbildung an. Otfried Preußler hat das einmal folgendermaßen beschrieben: »Der Leser muß [...] nicht nur die stummen Chiffren der Buchstaben entziffern und zu Wörtern zusammenfügen, er muß Wörter und Sätze auch wieder in Bilder umsetzen – mehr noch: er muß sie für sich selber mit allen Sinnen wahrnehmbar machen. Er muß nicht nur sehen, wovon der Autor erzählt, er muß es auch hören, riechen und schmecken, mit Händen ertasten und mit dem Herzen nachfühlen. [...] Er befindet sich gewissermaßen in der Rolle eines Regisseurs, dem mein Text als Drehbuch vorliegt, und der meine Geschichte nun anhand dieses Drehbuchs für sich selber in Szene setzen muß.« (Preußler 1998, S. 58 f.)

Die imaginative Vergegenwärtigung sinnlicher Wahrnehmungen ist ein grundlegender Aspekt (literar-)ästhetischer Erfahrung. In den Bildungsstandards für das 4. Schuljahr findet er sich in der Formulierung »lebendige Vorstellungen beim Lesen und Hören literarischer Texte entwickeln« wieder. Das soll, wenn es um das literarische Lernen geht, nicht ein beliebiges Fantasieren sein, sondern ein »Entfalten« (Köppert 1997) dessen, was im Text angelegt ist, und einem vertieften Verstehen dienen. Solche Vorstellungen können sich auf Schilderungen von Landschaften und Räumen, auf einzelne Gegenstände, auf Figuren, auf Geräusche, auf den Nachvollzug von Stimmungen usw. beziehen. Methodisch können kreativ-produktive Verfahren des Umgangs mit Texten die Vorstellungsbildung in besonderem Maße fördern. Im Hinblick auf die Lernprogression geht es darum, dass die Schülerinnen und Schüler zunehmend differenziertere Vorstellungen entwickeln, dabei Flexibilität zeigen (im Laufe einer Lektüre muss man aufgrund neuer Textinformation seine Vorstellungen immer wieder modifizieren) und dabei auch verschiedene Vorstellungen miteinander in Beziehung bringen können (z. B. die Wohnungseinrichtung mit dem Charakter einer Figur). Kinder tendieren oft noch dazu, dem Text einfach eigene Alltagserfahrungen zuzuordnen und in diesen verhaftet zu bleiben, auch wenn der Text andere Perspektiven eröffnet (sog. Egozentrismus im Sinn der Entwicklungspsychologie Jean Piagets). Bei Jugendlichen dagegen besteht die Gefahr, dass sie sich um die Entfaltung von Vorstellungen gar nicht mehr bemühen, sondern mit einer generalisierenden Aussage den Text abtun und damit seine konkrete Anschaulichkeit hinter sich lassen (was manchmal durch einen Literaturunterricht, der nur auf die Intention des Autors oder eine allgemeine Erkenntnis abhebt, unterstützt wird). Es gilt also, im Verlauf der Schuljahre die kindliche Intensität der Vorstellungsbildung zu erhalten und einer zunehmenden Differenzierung, Flexibilität und textorientierten Genauigkeit zuzuführen.

Subjektive Involviertheit und genaue Wahrnehmung miteinander ins Spiel bringen

In den Bemerkungen zur Imagination dürfte schon deutlich geworden sein, dass für intensives literarisches Verstehen persönliches Angesprochensein ebenso wie Aufmerksamkeit für den Text wichtig sind. Subjektive Involviertheit und aufmerksame Textwahrnehmung können sich dabei wechselseitig steigern, und darin liegt auch ein wesentliches Ziel des literarischen Lernens. In der Literaturdidaktik wird seit langem (in der Tradition sowohl der Hermeneutik als auch der Rezeptionsästhetik) das Spannungsverhältnis zwischen Subjektivität und Textbezug thematisiert; dies ist oft so didaktisch modelliert worden, dass von einer subjektiv »bornierten« Erstrezeption (vgl. Kreft 1977, S. 379) zur objektiven Analyse fortgeschritten werden müsse. Diese Abfolge wird allerdings dem Wechselspiel von Subjektivität und Textorientierung, das für literarisches Verstehen kennzeichnend ist, nicht gerecht. So kann zum Beispiel ein Kinderbuch mit einer Hauptfigur, die unter Minderwertigkeitsgefühl leidet (ein Hauptthema gegenwärtiger Kinder- und Jugendliteratur), zur Projektionsfläche eigener entsprechender Gefühle werden und gerade durch solche Betroffenheit eine intensiv mitvollziehende, genaue Lektüre bewirken. Durch diese können Aspekte wahrgenommen werden, die zunächst in den bewussten Eigenerfahrungen des Lesers nicht präsent sind, so dass es zu erweiterter Selbsterkenntnis kommt. Entdeckungen am Text können also Selbstreflexion anregen, und diese kann wiederum das Interesse an genauer Textwahrnehmung stärken. In solcher Wechselbeziehung zwischen subjektiver Involviertheit und genauer Textwahrnehmung spielen Prozesse der Verfremdung und des Wiedererkennens eine wichtige Rolle: Man sieht sich und seine Erfahrungen im literarischen Text wie in einem Spiegel und wird zugleich irritiert.

Die didaktisch-methodische Umsetzung dieses Teilaspekts des literarischen Lernens wird durch die Tatsache erschwert, dass er kaum überprüfbar ist; es handelt sich um individuelle Prozesse, die nicht direkt beobachtbar sind und für die die Schülerinnen und Schüler auch den Schutz der Intimität beanspruchen dürfen. In Lesebiografien, wie sie beispielsweise in der Lesesozialisationsforschung erhoben und ausgewertet worden sind, zeigt sich aber, dass gerade dieser Aspekt intensive und langfristig in Erinnerung bleibende Leseerfahrungen bewirkt. Sie sind nicht nur in der privaten Lektüre, sondern auch im Deutschunterricht möglich, wie die positiven Äußerungen zum Literaturunterricht (die es ebenso wie die negativen in der Lesebiografieforschung gibt) immer wieder zeigen.

Die Grenzen der Überprüfbarkeit dürfen deshalb nicht zum Argument werden, diesen Aspekt im Unterricht auszuklammern.

In der Grundschule ist es noch relativ unproblematisch, den subjektiven Bezug explizit zum Thema zu machen. Das kann durch das Wiedergeben eigener ähnlicher Erfahrungen, die man mit dem Text vergleicht, geschehen. Mit fortschreitendem Alter der Schülerinnen und Schüler wird man zunehmend die Tatsache nutzen, dass Literatur es ermöglicht, im Gespräch über Fiktion (oder auch in produktiv-kreativer Gestaltung) Eigenes zu verarbeiten, ohne dass anderen deutlich werden muss, wie groß der subjektive Anteil jeweils ist (deshalb verbieten sich Lehrerfragen wie »Wie war das denn bei dir, als du mal verliebt warst?«). Lehrerinnen und Lehrer haben meistens ja durchaus den Blick (oder soll man sagen: das Gespür) dafür, ob ihr Unterricht die Schülerinnen und Schüler in ihrer Person erreicht und ob ein Zuwachs an Komplexität in der individuellen Auseinandersetzung stattfindet.

Sprachliche Gestaltung aufmerksam wahrnehmen

Zur genauen Textwahrnehmung, die im vorigen Abschnitt angesprochen worden ist, gehört auch die Aufmerksamkeit für die sprachliche Gestaltung, die für die ästhetische Wirkung literarischer Texte wichtig ist. Sie reicht vom mehr intuitiven Empfinden von Klang und Rhythmus bis zur Textanalyse einschließlich der Sprach- und Stilanalyse. Wichtig ist, dass dabei die Funktion für die ästhetische Wirkung erkannt und erfahren wird. Wenn die Analyse zur bloß formalen Bestimmung etwa von Reimschemata degeneriert und sich von der Klangerfahrung abkoppelt, kann von sinnvollem literarischem Lernen nicht mehr die Rede sein. Schon Grundschulkinder sind offen für einfache literarische Formen wie Parallelismus, Reihung, Wiederholung, Oppositionen, die sich in Kinderliedern, in Bilderbüchern und Erzählungen für Kinder in großer Zahl finden. Überlegungen zum Beispiel darüber, wann Wortwiederholungen in einem Text sinnvoll sind und welche Wirkung sie bei uns auslösen, schulen auf elementarer Ebene die Aufmerksamkeit für sprachliche Gestaltung. So kann die Einsicht in die Abweichung literarischer von alltagssprachlicher Ausdrucksweise angebahnt werden. Anzustreben ist, dass die Schülerinnen und Schüler zunehmend selbstständig Beobachtungen zur sprachlichen Gestaltung anstellen können und dabei eine gewisse Entdeckerfreude entwickeln. Eigene Experimente mit formalen Strukturen, zum Beispiel nach dem Muster literarischer Vorlagen eigene Texte schreiben, können besonders nachhaltig erfahrbar machen, wie mit Gestaltungsformen bestimmte Wirkungen erzielt werden können. Solche produktiven Verfahren zu sprachlichen Gestaltungsmöglichkeiten reichen vom Einsetzen weggelassener Wörter in Texten bis zum Umschreiben in eine andere Erzählperspektive, das erzähltechnische Einsichten vermittelt.

Perspektiven literarischer Figuren nachvollziehen

Bei erzählenden, teilweise auch bei dramatischen und lyrischen Texten spielt für den Leser (oder Hörer) die Wahrnehmung der Figuren eine zentrale Rolle. Dabei kommt die schon erwähnte Imaginationsfähigkeit zum Tragen: Über Figuren wird in literarischen Texten nicht nur informiert, vielmehr gibt der Text Anweisungen, sie sich vorzustellen. Wiederum geht es in der Rezeption um das Wechselspiel zwischen subjektiver Involviertheit und genauer Textwahrnehmung, und zwar hier im Sinne von Identifikation und Abgrenzung (dazu vor allem

Hurrelmann 2003). Ein intensiver Bezug zu literarischen Figuren entsteht in der Regel dadurch, dass man eigene Gefühle und Sichtweisen, auch Wunschvorstellungen anderer Lebensmöglichkeiten im Text wiederfindet; aber zugleich heißt literarisches Verstehen, dass man in der Logik des Textes denkt und auch die Fremdheit von Figuren wahrnimmt. Die Alteritätserfahrung, also die Irritation durch die Andersartigkeit, kann wiederum zu gesteigerter Selbstreflexion führen. In den Bildungsstandards wird die Perspektivenübernahme beim Lesen schon für das 4. Schuljahr ausdrücklich genannt, und zwar mit der Formulierung »bei der Beschäftigung mit literarischen Texten Sensibilität und Verständnis für Gedanken und Gefühle und zwischenmenschliche Beziehungen zeigen«.

Eine zentrale Rolle für das Figurenverstehen spielt der Zusammenhang von innerer Welt (Gefühle, Gedanken, Erfahrungen, Erinnerungen der Figuren) und äußerer Handlung, der in den Texten zum Teil explizit entfaltet ist, oft aber auch, ausgehend von den Signalen im Text, vom Leser erschlossen werden muss. Da insbesondere moderne Literatur den Schwerpunkt stärker auf die inneren psychischen Prozesse der Figuren legt, kommt der Perspektivenübernahme von der mitfühlenden Empathie bis zur kognitiven Auseinandersetzung mit Fremdheit eine zunehmende Bedeutung zu. Das gilt schon für die Kinder- und Jugendliteratur, bei der in den letzten Jahren eine starke Psychologisierung stattgefunden hat (das gilt sogar für das Bilderbuch).

Neben der differenzierten Wahrnehmung einzelner Figuren und ihrer Innenwelt spielt für das literarische Verstehen das Beziehungsgeflecht zwischen den Figuren eine Rolle. Damit ist ein Hauptthema von Literatur angesprochen, das im Drama am stärksten zur Entfaltung kommt. Neben der äußeren Interaktion geht es in literarischen Texten um die inneren Verwicklungen, darum, wie Zuneigung, Liebe, Hass, Eifersucht, Minderwertigkeitsgefühle, Gleichgültigkeit usw. das Zusammenleben von Menschen bestimmen.

Für die Fähigkeit der literarischen Perspektivenübernahme kann aufgrund der bisherigen einschlägigen Forschung ein Entwicklungsverlauf festgestellt werden, der Grundlage für die Erarbeitung eines Kompetenzstufenmodells sein könnte (dafür wären allerdings noch vertiefende empirische Untersuchungen notwendig). Auf einer elementaren Ebene verstehen Kinder literarische Texte überwiegend aus der Perspektive einer einzigen Figur, mit der sie sich aufgrund ihrer eigenen Lebenserfahrung identifizieren können. Eine zweite Stufe ist erreicht, wenn der Unterschied zwischen Figuren (bezogen auf ihren Charakter, ihre Gefühlsregungen, ihre Ansichten) genau erkannt wird. In einfacher Form stehen solche Wahrnehmungen noch unverbunden nebeneinander. Wenn auch die unterschiedlichen Sichtweisen, Einstellungen usw. der Figuren aufeinander bezogen und der Zusammenhang mit ihrer Lebenswelt benannt werden kann, ist wiederum eine höhere Stufe erreicht. Noch anspruchsvoller ist es, auch die Erzählweise und damit die Perspektivierung durch den Erzähler ins Spiel zu bringen (z. B. Ironisierung der Figurendarstellung bei Thomas Mann). Alle genannten Aspekte miteinander in Verbindung bringen zu können, würde eine besonders elaborierte Form des Figurenverstehens bedeuten (die Darstellung ist hier in Anlehnung an Andringa 2000, S. 94 f. vorgenommen worden). Ergänzend zu diesem auf die Interaktion von Perspektiven abhebenden Modell zeigt sich Lernzuwachs auch darin, dass Schülerinnen und Schüler immer besser mit ambivalenter (widersprüchlicher, uneindeutiger, unstabiler) innerer Verfasstheit von Figuren umzugehen wissen. Das bedeutet zum Beispiel, dass mit Kategorien wie gut/böse, traurig/froh, willentlich/unwillentlich usw. beim Interpretieren zunehmend flexibler umgegangen wird.

Mit dem Verweis auf die Bedeutung, die dem Beziehungsgeflecht der Figuren in literarischen Texten zukommt, ist schon angesprochen, dass für kompetentes literarisches Verstehen die Herstellung innertextlicher Bezüge wichtig ist. Das hängt vor allem damit zusammen, dass der literarische Text nicht primär auf außertextliche reale Gegebenheiten verweist; die literarische Welt muss aus dem Textzusammenhang erschlossen werden. Den Bottom-up-Prozessen (vom Einzelnen zum Ganzen), wie die Kognitionspsychologen sagen, kommt so beim literarischen Lesen eine besonders große Bedeutung zu. Vieles versteht man nur, wenn man es in Beziehung setzen kann zu etwas, was schon vorher im Text gestanden hat. Was in der Alltagswahrnehmung als zufällig gelten kann (z. B. die Farbe des Kleides einer Person), gewinnt im literarischen Text Bedeutung, weil es in die Logik des Textes eingebunden ist. Im Gegensatz etwa zu einem argumentierenden Text, bei dem in der Regel logische Verknüpfungen explizit hergestellt werden, überlässt der literarische Text die Herstellung der Zusammenhänge stärker dem Leser. Fontane sagt nicht explizit, welche Bedeutung Effis Schaukeln für den Sinnzusammenhang des Romans besitzt, das muss der Leser selbst erschließen, und ebenso muss das lesende Kind in Kirsten Boies *Man darf mit dem Glück nicht drängelig sein* selbst aus den verschiedenen Stellen, bei denen der Wunderstein eine Rolle spielt, dessen Bedeutung erfassen. Für Lesende, die solche Bezüge erkennen (oder besser: herstellen) können, werden die Texte aussagekräftiger, aspektreicher und damit interessanter.

Schon in der Grundschule muss der Blick auf den Textzusammenhang, darauf, dass vieles sich nur erschließt, wenn man verschiedene Textstellen zueinander in Beziehung setzt, unterstützt werden. Im weiteren Verlauf der Schulzeit kann dies an zunehmend komplexen Texten erfolgen, auch solchen, die teilweise Kohärenzbildung verweigern (etwa moderne Theaterstücke) oder durch nichtlineares Erzählen erschweren.

Mit Fiktionalität bewusst umgehen

Dramaturgische und narrative Handlungslogik hängen mit dem fiktionalen Charakter literarischer Texte zusammen; mit Fiktionalität ist hier die Tatsache gemeint, dass literarische Texte nicht direkt auf die außertextliche Wirklichkeit verweisen, sondern ein eigenes Bezugssystem schaffen. Kinder tun sich noch schwer, den Unterschied zwischen fiktionalen Texten und direkten Wirklichkeitsaussagen zu erkennen. Unvertraut ist ihnen Fiktionalität allerdings nicht, denn in ihren Rollenspielen praktizieren sie sie selbst. So geht es in gewisser Weise darum, etwas ins Bewusstsein zu heben, was ihnen schon intuitiv vertraut ist.

Nun ist allerdings Fiktionalität durchaus kein einfaches Phänomen, da in der Literatur in vielfacher Weise Fiktion und Realitätsbezug ineinander verwoben werden. Gerade die moderne Literatur bewegt sich oft auf der Grenzlinie zwischen beidem – zum Beispiel wenn Uwe Timm in *Am Beispiel meines Bruders* von authentischen Dokumenten ausgeht, aber in seiner Suche nach der Wahrheit das Vergangene in der eigenen Fantasie rekonstruieren muss und es mit literarischen Mitteln zur Darstellung bringt. Auch die parabolischen Bedeutungen literarischer Texte, wenn also mit Mitteln der Fiktion Erkenntnisse oder ein Nachdenken über die Wirklichkeit vermittelt werden sollen, gehören zum Spannungsfeld von Fiktion und Wirklichkeitsbezug.

Ein aspektreiches, schon Grundschulkindern zugängliches einschlägiges Phänomen sind die Tierfiguren in literarischen

Texten. Sie erscheinen oft so vermenschlicht, dass der fiktionale Charakter deutlich erkennbar ist. Dann gibt es aber die Bücher, die sich auf Erkenntnisse der biologischen Forschung beziehen wie Marion Dane Bauers Wolfsgeschichte *Winzling* (München: dtv, 2005); das ist zwar ein fiktionaler Text, aber die Autorin will, wie sie im Nachwort ausführt, durchaus auch etwas vom tatsächlichen Verhalten von Wölfen vermitteln. So erhält die Erzählung teilweise Aspekte eines Sachbuches. Die Bemerkung im Nachwort »Winzling und sein Rudel sind natürlich frei erfunden. Doch fast alles, was die Wölfe in dieser Geschichte tun – außer dem Sprechen –, beruht auf den Beobachtungen von Wolfsexperten« zeigt den Doppelcharakter, der in dieser Weise auch für Grundschulkinder nachvollziehbar ist. Im Verlauf der Schuljahre kann der Umgang mit dem Problem der Fiktionalität bis zu erkenntniskritischen Fragen führen. Ein Konstruktivist würde sagen, dass auch das, was wir für Wirklichkeit halten, Fiktion sei.

Weil Fiktion und Wirklichkeit keine einfachen Gegensätze sind und weil gerade darin vielfältige Wirkungsmöglichkeiten von Literatur liegen, trägt das Heft von *Praxis Deutsch*, das diesem Thema gewidmet ist, auch den Titel *Vom Spiel der Fiktionen mit Realitäten* (180/2003).

Metaphorische und symbolische Ausdrucksweise verstehen

Das Verstehen metaphorischer und symbolischer Ausdrucksweise gilt vielen Lehrerinnen und Lehrern als zentrale Zielsetzung des Literaturunterrichts (die Bildungsstandards für den Hauptschulabschluss sprechen von »sprachlichen Bildern«, diejenigen für den Mittleren Schulabschluss erwähnen ergänzend die »Metapher«). In der neuesten Theorie ist allerdings nicht mehr unbestritten, dass Metaphorik wirklich ein Kennzeichen von Literarizität ist, denn Metaphern sind ein verbreitetes Phänomen gerade auch nichtliterarischer Sprache (man denke z. B. an Maus, Menü, Ausschneiden, Fenster in der Computersprache). In literarischen Texten funktionieren Metaphern und Symbole jedoch nicht so wie in der Alltagssprache. Wenn ich von der Maus meines PCs spreche, stelle ich mir nicht eine tatsächliche Maus vor. In literarischen Texten ist dagegen auch die wörtliche Bedeutung präsent. Wenn Eichendorff in seinem berühmten »Mondnacht«-Gedicht formuliert »Und meine Seele spannte weit ihre Flügel aus«, wäre es nicht angemessen, nur eine übertragene Bedeutung wahrzunehmen; vielmehr geht es darum, dass in diesem Gedicht mit dem »Ausspannen der Flügel« eine Imagination des Fliegens geschaffen wird. In ähnlicher Weise ist auch symbolische Ausdrucksweise nicht einfach aufzulösen in eine abstrakte Bedeutung, sondern auf der Bildebene ernst zu nehmen.

Metaphern und Symbole ordnen sich in literarischen Texten in der Regel in einen satzübergreifenden Bildzusammenhang ein; so erscheint das bildhafte Motiv des Fliegens in Nicky Singers Jugendroman *Norbert Nobody oder Das Versprechen* (München: dtv, 2002) in mehrfacher Variation und verbindet die verschiedenen Handlungsstränge auf metaphorisch-symbolischer Ebene (ein wirkliches Fliegen findet in dieser Geschichte nicht statt).

Kinder können Metaphern und Symbole noch kaum erklären; das heißt aber nicht, dass sie kein intuitives Verständnis dafür haben, etwa für den Wald als den Ort der Gefahr und der Bewährung im Märchen. Einfache Zugänge zu symbolischen Bedeutungsdimensionen können beispielsweise dadurch erfolgen, dass man mit eigenen Bedeutungsassoziationen und dem Bezug zur Sichtweise von literarischen Figuren arbeitet, zum Beispiel: »Was fällt dir zu ›Wald‹ ein, was bedeutet der Wald für Rotkäppchen, für Hänsel und Gretel?« Damit soll deutlich werden, dass »Wald« in einem literarischen Text einer Bedeutungsanreicherung unterliegt und dass diese aus dem Textzusammenhang (also nicht nur aus den eigenen Assoziationen) erschlossen werden kann. Im Verlauf der Schulzeit kann immer bewusster an den metaphorischen und symbolischen Zusammenhängen in einem Text gearbeitet werden. Auch hier geht es, wie bei der Handlungslogik, darum, nach Bezügen innerhalb des Textes zu suchen. Erst sie können zeigen, ob ein Fluss in einer Geschichte beispielsweise mit Vergänglichkeit oder mit Heimatlosigkeit oder mit Freiheit usw. in Verbindung gebracht werden kann. Das Wissen um tradierte Symbolik kann bei der Interpretation helfen, aber immer ist am Text zu prüfen, ob eine symbolische Bedeutung im konkreten Fall tatsächlich plausibel ist. Es gibt in den oberen Schulklassen die Gefahr sehr willkürlicher, spekulativer Symboldeutungen (wie es in der Literaturwissenschaft die Gefahr spitzfindiger Überinterpretation gibt). Eine gewisse Vorsicht gehört deshalb auch zum kompetenten Umgang mit Metaphorik und Symbolik – das schließt ein, dass es durchaus angebracht ist, Deutungen als möglich zu bezeichnen (etwa: kann man einen Bezug sehen ...). Dies führt zum folgenden Aspekt.

Sich auf die Unabschließbarkeit des Sinnbildungsprozesses einlassen

Die reflektierende Vorsicht, die beim Deuten angebracht ist, wird auch nahegelegt durch die Tatsache, dass literarische Texte Sinnbildungsprozesse anregen, die nicht ohne Weiteres zu einem definitiven Ende kommen (so wie ein Symbol nicht einfach in eine feste abstrakte Bedeutung übertragen werden kann). Dies hat in literaturwissenschaftlicher Sicht vor allem die Rezeptionsästhetik und die Dekonstruktion herausgearbeitet. Schülerinnen und Schüler sollen lernen, mit dieser Offenheit literarischer Texte umzugehen. Das fällt ihnen nicht immer leicht, weil sie – wesentlich bedingt durch die schulische Sozialisation – feste Ergebnisse haben möchten. Ziel von Literaturunterricht darf aber nicht sein, den Texten jede Rätselhaftigkeit zu nehmen, vielmehr geht es gerade um die Bereitschaft, sich in Verstehensprozesse verwickeln zu lassen, die kein bündiges Ergebnis versprechen und deshalb aspektreich sind. Das schließt ein, auf ungewohnte Ausdrucksformen nicht mit vorschneller Abwehr zu reagieren. Nur so kann Literatur auch ihre Funktion als Problematisierungsmedium entfalten. Dass sie sich nicht einfach einfügt in das routinierte Alltagsverstehen, führt durchaus zu Irritation, aber macht immer wieder auch ihre Faszination aus.

Schon Kinder sind durchaus (und manchmal sogar in besonderem Maße) offen für ungewohnte Ausdrucksweisen (z. B. bei Nonsenstexten). Unabschließbarkeit der Sinnbildung und (damit oft verbunden) Mehrdeutigkeit sind also nicht etwas, das erst in höheren Klassen ins Bewusstsein gebracht werden sollte. Eine Progression im literarischen Lernen wird man bei diesem Aspekt vor allem darin sehen, dass zunehmend komplexe Sinnzusammenhänge und -ambivalenzen zur Sprache kommen können. Ein Kafkatext etwa stellt in diesem Sinne andere Anforderungen als eine Unsinnsgeschichte für Kinder, aber ermöglicht eben auch reichhaltigere Überlegungen und produktiv-kreative Zugänge.

In der Unabschließbarkeit der Sinnbildung wird besonders deutlich, worin sich literarisches Lernen von dem unterscheidet, was in der Regel in Lesetests abgeprüft wird. Bei manchen Fragen in den Tests kann man sogar sagen, dass die literarisch interessanten Fragen genau dort anfangen, wo der Test das Deutungsbemühen abschließt. Wenn zum Beispiel bei einer Multiple-choice-Frage zu Brechts Keunergeschichte *Der hilf-*

lose Knabe als richtige »zentrale Absicht des Textes« anzukreuzen ist »zur Gegenwehr bei erlittenem Unrecht aufzufordern«, dann ist zwar eine einleuchtende, aber doch etwas banale Deutung geleistet (das Beispiel wird zitiert von Köster 2005, S. 183). Wenn man den Text genauer anschaut und erkennt, dass der Knabe sehr wohl geschrien hat, aber nicht gehört wurde (er antwortet auf die Frage des Mannes, ob er nicht lauter schreien könne, mit »nein«), dann wird der Text plötzlich vertrackter und damit interessanter. Literarisches Lernen bedeutet also durchaus, Textaspekte wahr- und ernst zu nehmen, die bei Lesekompetenztests (bislang?) weggeblendet werden.

Mit dem literarischen Gespräch vertraut werden

Unabschließbare Sinndeutungen können am besten im offenen Gespräch entwickelt werden, dem sogenannten literarischen Gespräch; die Fähigkeit, an einem solchen teilzunehmen, sollte als eigene Teilkompetenz (also nicht nur als methodisches Mittel oder Sozialform des Unterrichts) in den Blick genommen werden. Teilhabe an literarischer Kultur schließt ein, sich mit anderen über Texterfahrungen angemessen austauschen zu können (man spricht in diesem Zusammenhang auch von Anschlusskommunikation – das ist allerdings ein unschöner Begriff). Das literarische Gespräch erfordert von den Teilnehmenden, dass sie eigene Sinndeutungen einbringen, dass sie Vorschläge anderer nachvollziehen, dass sie das Gespräch als Suchbewegung verstehen und dass sie mit dazu beitragen, eine Balance zwischen Selbstkundgabe, Ernstnehmen des anderen und Textbezug herzustellen. In der gegenwärtigen fachdidaktischen Diskussion findet vor allem die Konzeption des literarischen Gesprächs Beachtung, die die Heidelberger Forschergruppe um Gerhard Härle theoretisch entwickelt hat und empirisch überprüft. Das literarische Gespräch muss längerfristig mit den Schülerinnen und Schülern eingeübt werden, wobei dies allerdings bei 25 bis 35 Teilnehmern, also bei Schulklassengröße, nicht unproblematisch ist. In den Bildungsstandards findet sich das literarische Gespräch zum Beispiel wieder in der Formulierung »eigene Gedanken zu Texten entwickeln, zu Texten Stellung nehmen und mit anderen über Texte sprechen« (4. Schuljahr) bzw. »eigene Deutungen des Textes entwickeln, am Text belegen und sich mit anderen darüber verständigen« (Mittlerer Schulabschluss, ähnlich auch beim Hauptschulabschluss).

Mit Thomas Zabka (2003) lassen sich einzelne Äußerungsformen des Interpretierens im Gespräch noch genauer typisieren, nämlich das expressive Interpretieren (eigene Eindrücke und Deutungen als subjektive Kundgabe), behauptendes Interpretieren (das mit Anspruch auf Wahrheit verbunden ist), erklärendes Interpretieren (bei dem Deutungen erläutert werden und das damit auch argumentierenden Charakter erhält) und erörterndes Interpretieren, bei dem verschiedenen Deutungsmöglichkeiten nachgegangen wird ohne den Zwang, Mehrdeutigkeit auszuschalten. Bei Letzterem spielen Wahrscheinlichkeitsschlüsse (vgl. Nordhofen 2003, S. 164) eine wichtige Rolle. In dieser Weise lassen sich Gesprächsmerkmale definieren, die als Kompetenzen des Umgangs mit Literatur vermittelt werden sollen und die auch beobachtbar sind.

Prototypische Vorstellungen von Gattungen/Genres gewinnen

Ein traditionell in der Literaturdidaktik wichtiger Aspekt literarischen Lernens ist die Aneignung von Gattungs- und Genrewissen. Merkmale von Märchen, von Kurzgeschichten, von

Novellen usw. erkennen und benennen zu können gilt vielen als wichtiges Ziel von Literaturunterricht. Allerdings sind solche Merkmalsbestimmungen auch nicht unproblematisch, denn die Großzahl der tatsächlichen Texte entspricht keineswegs eindeutig diesen Merkmalen (man sehe sich dazu z. B. die Grimmsche Märchensammlung durch). Die Gattungsdidaktik ist deshalb nicht sehr einleuchtend für die Schülerinnen und Schüler und birgt auch die Gefahr in sich, dass die Besonderheit des jeweiligen Textes nicht mehr ernst genommen wird, weil man nur auf das Gattungstypische blickt. Andererseits muss man sagen, dass die Gattungsbegriffe bis in den Alltag hinein gebräuchlich sind und es deshalb sinnvoll ist, sie kennen zu lernen. Empfehlenswert ist ein Vorgehen in Anlehnung an die Prototypentheorie: Schülerinnen und Schüler sollen typische Beispiele von Märchen, Fabeln usw. kennen lernen und mit ihnen den jeweiligen Begriff verbinden, und zwar eher im Sinne einer ganzheitlichen Vorstellung anhand eines Beispiels als auf der Grundlage auswendig gelernter Merkmale. Dabei soll nicht die Illusion erzeugt werden, dass alle Texte eindeutig in Gattungen eingeordnet werden können; die typischen Beispiele sind Ankerpunkte für die Orientierung in der literarischen Vielfalt und können durch Vergleichen die Aufmerksamkeit schärfen für abweichende Variationen. Solche Einsichten und Überlegungen können schon von der Grundschule an vermittelt werden.

Literaturhistorisches Bewusstsein entwickeln

Ebenfalls zur traditionellen Vorstellung von literarischer Bildung gehört der Einblick in die Literaturgeschichte. Aber auch hier gibt es in der Didaktik eine kontroverse Diskussion darüber, was dies heute heißen kann. Besonders problematisiert wird immer wieder der Epochenbegriff. Für einen kompetenzorientierten Unterricht dürfte die Entwicklung der Fähigkeit, literarische Texte auch als Reaktion auf Vorausgegangenes sehen zu können (im Sinne von Weiterführung oder Opposition), wichtiger sein als die Aneignung von Epochenmerkmalen. Es handelt sich dabei um eine Zielsetzung vor allem für höhere Schuljahre. Hilfreich kann die Einbeziehung von Kunst-, Musik- und Filmgeschichte sein, etwa wenn dem Stilwillen des Expressionismus in Abgrenzung zu Realismus oder Jugendstil nachgegangen werden soll. Wie innovativ, für die Zeitgenossen zum Teil völlig unverständlich manch literarisches Werk in seiner Zeit war, wird oft erst deutlich, wenn man sich den damaligen Erwartungshorizont vergegenwärtigt. Das kann auch die eigene Wahrnehmung vergangener Werke lebendiger werden lassen.

Zum literarhistorischen Bewusstsein gehört auch der Einblick in intertextuelle Zusammenhänge. Dies lässt sich schon in der Grundschule anbahnen, weil viele Kinderbücher auf frühere Texte, zum Beispiel auf Märchen, anspielen.

Literarisches und medienästhetisches Lernen

In den aufgeführten elf Aspekten ist das literarische Lernen bezogen auf (schriftlich oder mündlich vermittelte) Texte erörtert worden, ohne Berücksichtigung der audiovisuellen Medien. Diese Abgrenzung, die traditionellem Sprachgebrauch entspricht, ist nicht unproblematisch. Das Drama, das im Theater aufgeführt wird, zählen wir zur Literatur, den Film nicht – und wie ist es mit der aufgezeichneten und im Fernsehen gezeigten Theateraufführung? Es ist, wie solche Beispiele zeigen, weder nötig noch didaktisch sinnvoll, strikte Trennlinien zu ziehen. Vielmehr ist es angebracht, das literarische mit dem medienästhetischen Lernen zu verknüpfen. Viele der aufgeführten Teilkompetenzen gelten für den Film ebenso wie für die Literatur, etwa das symbolische Verstehen, der bewusste Umgang mit Fiktionalität oder das Verstehen dramaturgischer Handlungslogik. Schon aus Gründen der Zeitökonomie ist es sinnvoll, literarisches und medienästhetisches Lernen so miteinander zu verknüpfen, dass sich Transfereffekte ergeben. Dabei muss der Weg nicht immer, wie das traditionell meist der Fall ist, vom Buch zum Film gehen; man kann auch umgekehrt zum Beispiel anhand von Filmen die Interpretation des äußerlich Sichtbaren (Mimik, Gestik, Kleidung, Sprechweise usw.) im Hinblick auf Inneres einüben und dann in entsprechender Weise (auch unter Berücksichtigung der medienspezifischen Unterschiede) in ähnlicher Weise an einem literarischen Text arbeiten.

Sachtexte und literarisches Lernen

Zu relativieren ist auch die strenge Abgrenzung literarischer Texte von Sachtexten, die in den Ausführungen hier vorgenommen worden ist. Sie ist im Interesse der Klarheit der Darstellung erfolgt (vgl. dazu auch *Praxis Deutsch* 189/2005: *Sachtexte*). Vieles, was gesagt worden ist, gilt allerdings auch für die Lektüre von Sachtexten, und zwar dann, wenn sie nicht in einen konkreten Situationszusammenhang eingebunden ist. Das Lesen eines Kochrezepts für das geplante Sonntagsessen oder das Anhören des Wetterberichts im Hinblick auf die geplante Wanderung haben natürlich wenig mit literarischem Verstehen zu tun; anders ist es, wenn ein Sachbuch (z. B. über eine andere Kultur) gelesen wird, weil man fasziniert davon ist, sich eine andere Welt vorzustellen, oder wenn man eine Reportage über ein Verbrechen als Spannungserlebnis genießt oder wenn man eine Autobiografie liest aus Interesse, sich mit der Innenwelt einer fremden Person zu beschäftigen. Literarisches Lernen bezieht sich also, wenn man es genauer fasst, nicht nur darauf, literarischen Texten gerecht zu werden, sondern es zielt auf eine Leseweise, die bei literarischen Texten ihre prototypische Entfaltung erfährt, die aber auch bezogen auf andere Texte ihre Funktion haben kann. Deshalb ist es sehr einseitig, wenn im Unterricht bei der Beschäftigung mit Sachtexten fast ausschließlich auf Informationsermittlung und gegebenenfalls auf kritisches Lesen abgehoben wird. Gerade im Hinblick auf die Leseförderung von Jungen ist es wichtig, sich klarzumachen, dass sie bei ihrer Vorliebe für Sachbücher durchaus auch imaginative Bedürfnisse befriedigen.

Lesen, Hören und Schreiben

Literarisches Lernen realisiert sich vor allem im lesenden und hörenden, beim Theater auch im schauenden Umgang mit Texten. Es spielt aber auch eine Rolle beim Schreiben, und zwar nicht nur, weil produktive Aufgaben in vielfältiger Weise für die Vermittlung literarischer Rezeptionskompetenz hilfreich sein können, sondern auch, weil im Rahmen des kreativen Schreibens literarische Ausdrucksweisen eine Rolle spielen. Narrative Handlungslogik oder Aufmerksamkeit für die sprachliche Gestaltung sind hier zum Beispiel zentral. Gerade bezogen auf die Grundschule ist der enge Zusammenhang von Lesen und Schreiben im Hinblick auf das literarische Lernen mit Nachdruck herausgearbeitet worden (z. B. Dehn 1999, Kruse 2003).

Methoden: Vielfalt, aber keine Beliebigkeit

Bei der Darstellung der Einzelaspekte des literarischen Lernens dürfte schon deutlich geworden sein, dass sehr unterschiedliche Vorgehensweisen im Unterricht möglich sind. Analyse und Interpretation im Unterrichtsgespräch und im schriftlichen Arbeiten, offenes literarisches Gespräch, Vorlesesituationen, produktionsorientiertes Arbeiten und anderes kommen in Frage. Im Hinblick auf das literarische Lernen ist allerdings wichtig, dass sich die Methoden nicht verselbständigen und so den Bezug auf die Entfaltung literarischer Erfahrung und Kompetenz verlieren. Das ist ein oft nicht leicht einlösbarer Anspruch – schnell wird die Analyse rhetorischer Figuren in Texten zum Selbstzweck oder dispensiert im handlungs- und produktionsorientierten Unterricht die Freude des Lehrers über das geschäftige Tun der Schülerinnen und Schüler von der Überlegung, welche Kompetenzentwicklung denn angestrebt wird. Meist ist eine (gut reflektierte) Verbindung verschiedener methodischer Zugänge sinnvoll, also zum Beispiel offene Gesprächssituationen, produktives Gestalten von Texten, szenische Darstellung, analysierendes Nachdenken usw.

Explizites und implizites literarisches Lernen

Beim kreativen Schreiben lässt sich auch deutlich die Rolle impliziten Lernens zeigen. Wenn etwa Kinder Fantasiegeschichten schreiben, dann folgen sie in der Regel mehr oder weniger stark narrativen Mustern, die aus literarischen Erfahrungen stammen (z. B. Handlungsstruktur mit Komplikation und Auflösung, Spieler und Gegenspieler bei den Figuren). Das geschieht meist nicht bewusst, und die Kinder können auch kaum solche Strukturen benennen. Genau so, wie sie weitgehend grammatisch richtige Sätze sprechen können, ohne über grammatische Terminologie zu verfügen, haben sie ein implizites narratives Wissen. Im Unterricht hat man fast nur explizites Wissen, bewusstes Analysieren und Interpretieren im Blick. Das ist aus drei Gründen problematisch:

- Kompetentes literarisches Lesen basiert immer auch auf implizitem Wissen, man kann sich gar nicht immer alles bewusst machen, was beim Lesen und Hören von literarischen Texten im Kopf geschieht.
- In lernpsychologischer Sicht vergibt man, wenn man implizite Lernprozesse nicht einbezieht, wesentliche Lernchancen. Jedes Lernen, so zeigt die (kognitivistische) Lernpsychologie, erfolgt durch eine Verknüpfung mit schon vorhandenem Wissen. Das ist im Unterricht fruchtbar zu machen, gerade auch dann, wenn einschlägiges implizites Wissen vorhanden ist.
- Beim literarischen Verstehen ist das, was sich Kinder und Jugendliche implizit aneignen können, oft viel reichhaltiger als das, was sie explizit benennen und erklären können. Das zeigt sich immer wieder beim analogen kreativen Schreiben, wenn Schülerinnen und Schüler (ohne vorangegangene explizite Analyse) nach dem Muster eines Textes selbst einen Text schreiben. Sie übernehmen Charakteristika der Vorlage, aber wenn man danach fragt, welche Parallelen zwischen Ausgangstext und eigenem Text bestehen, tun sich die Schülerinnen und Schüler schwer, diese zu benennen. Eine solche Verknüpfung der produktiven eigenen Anwendung eines Musters mit anschließender analysierender Reflexion ist dabei durchaus lernfördernd, weil die bewusste Explikation auf der im Schreiben realisierten impliziten Kompetenz aufbaut.

Für das implizite literarische Lernen ist das Vorlesen durch die Lehrerin oder den Lehrer wichtig; wenn man es nicht nur als Erhol- und Belohnsituation, sondern im Horizont literarischen Lernens betrachtet, dann wird man beim Vorlesen die ausgeführten Teilaspekte literarischen Lernens im Blick haben und bei der Gestaltung berücksichtigen. Man wird also zum Beispiel so vorlesen, dass sich bei den Zuhörenden Imaginationen bilden können (Lesetempo und Pausen spielen dabei eine Rolle), man wird anspruchsvollere literarische Mittel der Innensicht durch Intonation zugänglicher machen, etwa durch leichtes Senken der Stimme bei erlebter Rede, man wird Wörter, denen eine zentrale symbolische Bedeutung zukommt, leicht hervorheben, beispielsweise durch eine kurze Sprechpause vor dem Aussprechen des Wortes.

Wenn man literarisches Lernen in diesem Sinne als implizites und als explizites Lernen in den Blick nimmt und anregt, dann müssen Lesemotivation und literarisches Lernen keine Gegensätze sein.

Literatur

Abraham, Ulf: Lesekompetenz, literarische Kompetenz, poetische Kompetenz. Fachdidaktische Aufgaben in einer Medienkultur. In: Heidi Rösch (Hrsg.): Kompetenzen im Deutschunterricht. Beiträge zur Literatur-, Sprach- und Mediendidaktik. Frankfurt a. M. [u. a.]: Lang, 2005. S. 13–26.

Andringa, Els: »The Dialogic Imagination«. Literarische Komplexität und Lesekompetenz. In: Hansjörg Witte [u. a.] (Hrsg.): Deutschunterricht zwischen Kompetenzerwerb und Persönlichkeitsbildung. Baltmannsweiler: Schneider Hohengehren, 2000. S. 85–97.

Artelt, Cordula / Schlagmüller, Matthias: Der Umgang mit literarischen Texten als Teilkompetenz im Lesen? Dimensionsanalysen und Ländervergleiche. In: Ulrich Schiefele [u. a.] (Hrsg.): Struktur, Entwicklung und Förderung von Lesekompetenz. Vertiefende Analysen im Rahmen von PISA 2000. Wiesbaden: Verlag für Sozialwissenschaften, 2004. S. 169–196.

Bos, Wilfried [u. a.] (Hrsg.): Erste Ergebnisse aus IGLU. Schülerleistungen am Ende der vierten Jahrgangsstufe im internationalen Vergleich. Münster [u. a.]: Waxmann, 2003.

Büker, Petra: Literarisches Lernen in der Primar- und Orientierungsstufe. In: Klaus-Michael Bogdal / Hermann Korte (Hrsg.): Grundzüge der Literaturdidaktik. München: dtv, 2002. S. 120–133.

Dehn, Mechthild: Texte und Kontexte. Schreiben als kulturelle Tätigkeit in der Grundschule. Berlin: Volk und Wissen, 1999.

Eggert, Hartmut / Garbe, Christine: Literarische Sozialisation. Stuttgart/Weimar: Metzler, 1995.

Hurrelmann, Bettina: Literarische Figuren. Wirklichkeit und Konstruktivität. In: Praxis Deutsch 177 (2003) S. 4–12.

Köppert, Christine: Entfalten und Entdecken. Zur Verbindung von Imagination und Explikation im Literaturunterricht. München: Vögel, 1997.

Köster, Juliane: Evaluation von Kompetenzen im Deutschunterricht – neues Etikett oder bildungspolitische Wende? In: Heidi Rösch (Hrsg.): Kompetenzen im Deutschunterricht. Beiträge zur Literatur-, Sprach- und Mediendidaktik. Frankfurt a. M. [u. a.]: Lang, 2005. S. 175–193.

Kreft, Jürgen: Grundprobleme der Literaturdidaktik. Eine Fachdidaktik im Konzept sozialer und individueller Entwicklung und Geschichte. Heidelberg: Quelle & Meyer, 1977.

Kruse, Norbert: Literarisches Lernen in der Grundschule – Textschreiben als Herausforderung literarischen Lernens bei Kindern. In: Erika Brinkmann / Norbert Kruse / Claudia Osburg (Hrsg.): Kinder schreiben und lesen. Beobachten – Verstehen – Lernen. Freiburg i. Br.: Fillibach, 2003. S. 233–254.

Nordhofen, Susanne: Literatur und symbolische Form. Der Beitrag der Cassirer-Tradition zur ästhetischen Erziehung und Literaturdidaktik. Hannover: Siebert, 2003.

Preußler, Otfried: Phantasie und Wirklichkeit. In: Heinrich Pleticha (Hrsg.): Sagen Sie mal, Herr Preußler … Stuttgart: Thienemann, 1998, S. 56–65.

Rosebrock, Cornelia: Zum Verhältnis von Lesesozialisation und literarischem Lernen. In: Didaktik Deutsch 6 (1999) S. 57–68.

Waldt, Kathrin: Literarisches Lernen in der Grundschule. Herausforderung durch ästhetisch-anspruchsvolle Literatur. Baltmannsweiler: Schneider Hohengehren, 2003.

Wieler, Petra: Vorlesen in der Familie. Fallstudien zur literarisch-kulturellen Sozialisation von Vierjährigen. Weinheim/München: Juventa, 1997.

Zabka, Thomas: Interpretationskompetenz als Ziel der ästhetischen Bildung. In: Didaktik Deutsch 15 (2003) S. 18–32.

Sprachlich-literarische Bildung oder Lese-, Sprech- und Schreibkompetenz?

»Kompetenz« ist in der gegenwärtigen Bildungsdiskussion der Hochwertbegriff schlechthin. Das zeigt sich zum Beispiel an deutschdidaktischen Publikationen der letzten Jahre: Das neue Schroedel-Lehrwerk für die Sekundarstufe II heißt *Kompetenzen. Themen, Training*. In der Zeitschrift *Deutschunterricht* (Westermann) werden bei jedem Modell »Kompetenzen« angegeben. Die Fachdidaktik erarbeitet Kompetenzmodelle; so hat Jakob Ossner in der Zeitschrift *Didaktik Deutsch* ein komplexes Kompetenzmodell für den Deutschunterricht publiziert (Ossner 2006) und in mehreren Beiträgen der folgenden Hefte der Zeitschrift haben Fachdidaktiker(innen) dazu Stellung bezogen. Neue Sammelbände von wichtigen Deutschdidaktiker(inne)n lauten *Kompetenz und Leistung im Deutschunterricht* (Dehn, Hüttis-Graff), *Literarische Kompetenzen – Standards im Literaturunterricht* (Clemens Kammler), *Kompetenzen im Deutschunterricht* (Heidi Rösch), *Lesekompetenz und Medienkompetenz* (Groeben, Hurrelmann), *Kompetenzhandbuch für den Deutschunterricht* (Willenberg), *Wissen und Kompetenz* (Festschrift Willenberg). Ohne den Begriff »Kompetenz«, so scheint es, geht heute nichts mehr. Gestützt wird dies durch die Bildungsstandards der KMK, die kompetenzorientiert sind.

Angesichts dieser Dominanz des Kompetenzbegriffs muss man sich fragen, ob es überhaupt noch sinnvoll ist, von sprachlich-literarischer Bildung zu sprechen. Sind die Begriffe Lese-, Sprech- und Schreibkompetenz heute nicht angemessener?

Ich gehe dieser Frage im Folgenden in vier Schritten nach: Zuerst weise ich mit einigen Bemerkungen auf die Problematik des Bildungsbegriffs hin, dann erläutere ich die Gründe, die für den Kompetenzbegriff sprechen, und stelle ein Mehrebenenmodell vor. Zur Veranschaulichung zeige ich abschließend Möglichkeiten einer Verbindung sprachlicher und literarischer Bildung an einem Kinderbuch auf.

1 Die Infragestellung des Begriffs »Bildung«

In der jüngeren pädagogischen Diskussion, vor allem seit 1970, verliert der in klassisch-neuhumanistischer Tradition stehende Bildungsbegriff an Bedeutung. Dafür gibt es mehrere Gründe:

- Der traditionelle Bildungsbegriff wird als bürgerlich kritisiert. In der Tat hat der ursprünglich emanzipatorische Bildungsbegriff (im Sinne einer Bildung für alle) seit dem 19. Jahrhundert der Stabilisierung des Bürgertums und damit auch der Abgrenzung gegenüber unteren Schichten gedient. Der gebildete Bürger hört Mozart, liest Fontane, besucht eine Miró-Ausstellung und fühlt sich so als besserer Mensch und kann sich unter seinesgleichen mit kulturellen Anspielungen austauschen. Man spricht vom Bildungsbürgertum, ein Begriff, der seit den 1970er Jahren oft in kritischem Sinne verwendet wird. Bildung, so die Kritik, sei zum Selektionsinstrument für den Zugang zu den höheren gesellschaftlichen Funktionen geworden. Der Soziologe Pierre Bourdieu, der in diesem Zusammenhang gerne zitiert wird, hat pointiert formuliert: »Der Bourgeois findet natürlicherweise in der Bildung [...] das einzig mögliche Prinzip der Legitimation seines Privilegs.« (Bourdieu 1974, S. 195) Was hat, so muss man sich wohl tatsächlich fragen, die kulturelle Bildung mit dem Hauptschüler zu tun, der es kaum schafft, seine Schreibfähigkeit so zu entwickeln, dass er ein vernünftiges Bewerbungsschreiben zustande bringt? Frustrieren wir unsere Schülerinnen und Schüler nicht mit den literarischen Texten des Kanons, die ihnen fremd bleiben? Cornelia Rosebrock hat mit ihren Mitarbeiter(inne)n im Forschungsprojekt »Lesesozialisation in schriftfernen Lebenswelten« zeigen können, dass Hauptschulabsolvent(inn)en das literarische Lesen als ein »Lesen der Anderen«, der sozial Erfolgreichen begreifen (Rosebrock 2005, S. 253 f.), zu dem sie keinen Zugang haben.

- Mit der Lernzieltheorie ist seit den 60er Jahren des 20. Jahrhunderts der Blick stärker auf die beobachtbaren Fähigkeiten und Fertigkeiten und ihre Herleitung aus Lebenssituationen (was muss man können?) gerichtet worden; der Begriff der kommunikativen Kompetenz verdrängte den der sprachlichen und literarischen Bildung, der stärker an den Inhalten orientiert war. Dass Kafka ein wichtiger Autor des 20. Jahrhunderts ist und deshalb in der Schule behandelt werden soll, ist bei solcher Auffassung kein ausschlaggebendes Argument. Durch die PISA-Studie hat die funktional-pragmatische Ausrichtung der Lernzieltheorie unter dem Begriff der Kompetenzorientierung wieder eine Renaissance erlebt.
- Durch die Entwicklung der elektronischen Medien und die Vervielfältigung des Freizeitangebots hat die Literatur ihre Funktion als Leitmedium der Kultur abgegeben. Für den humanistischen Bildungsbegriff ist aber die literarische Bildung besonders wichtig gewesen.
- Die Expansion des Wissens und die sich damit ergebende Unüberschaubarkeit möglicher und wünschenswerter Bildungsinhalte hat den Begriff einer allseitigen Bildung in Frage gestellt. Sie erscheint als uneinlösbare Utopie angesichts der fortschreitenden Spezialisierung in Wissenschaft und Beruf und der Informationsflut, die durch die modernen Medien ausgelöst worden ist.
- Durch die Migrationsbewegungen ist die ursprünglich stark nationalsprachlich geprägte Ausrichtung des Bildungsbe-

griffs mit ihrer Bevorzugung deutschsprachiger Autoren im Literaturunterricht fragwürdig geworden. Von muttersprachlicher Bildung in Schulklassen mit mehrheitlich nicht deutschsprachig sozialisierten Kindern zu sprechen ist nicht angemessen.

2 Gründe für den Kompetenzbegriff

Der Kompetenzbegriff befreit von den Fragwürdigkeiten des Bildungsbegriffs. Mit ihm, so hofft man wenigstens, kann man genau beschreiben, was sich Schülerinnen und Schüler aneignen müssen, um Anforderungssituationen, denen sie in ihrem Leben begegnen, angemessen bewältigen zu können. Mit Kompetenzmodellen will man Leistungsstand und Lernentwicklung von Schülerinnen und Schülern genauer erfassen. Bezogen auf den Lese-/Literaturunterricht erscheint die Kompetenzorientierung vor allem im Hinblick auf drei Problemfelder der Unterrichtspraxis bedeutsam:

- Der Lernbereich Lesen wird bislang (zumindest in den weiterführenden Schulen) fast ausschließlich als Literaturunterricht verstanden; der Schwerpunkt liegt auf der Interpretation literarischer (fiktionaler, poetischer) Texte. Auf das elementare Leseverstehen wird wenig geachtet. Es ist zwar durchaus gängig, dass man eine Inhaltssicherung vornimmt, etwa eingeleitet mit der Frage *Wer kann kurz zusammenfassen, worum es in diesem Text geht?* Da melden sich dann in der Regel zwei/drei willige Schüler(innen) und man kann die Inhaltssicherung abhaken. Was bedeutet dies aber aus der Sicht eines eher leseschwachen Schülers? Er meldet sich nicht, wenn es um die Inhaltszusammenfassung geht, er nimmt zur Kenntnis, was diejenigen sagen, die den Text verstanden haben; er kann sich dann unter Umständen sogar am Interpretationsgespräch beteiligen – er hat ja durch die Antworten der Mitschüler mitbekommen, worum es im Text geht. Er lernt (etwas überspitzt formuliert) über Texte zu reden, die er nicht verstanden hat. Den Prozess des elementaren Textverstehens hat er übersprungen und er erhält auch keine Hilfe, wie er seine Verstehensprobleme lösen könnte, denn sie sind ja gar nicht sichtbar geworden. Kompetenzorientierung heißt aber, dass auch die elementaren Verstehensprozesse und -schwierigkeiten aller Schülerinnen und Schüler im Blick sein müssen. Kompetenzmodelle weisen entsprechend mehrere Stufen, Anforderungsbereiche oder Skalen aus.

- Im Literaturunterricht herrscht traditionell eine Ausrichtung am Stundenergebnis vor: Man bemüht sich, im fragend-entwickelnden Unterrichtsgespräch eine angemessene Interpretation herauszuarbeiten, und sieht das Ziel erreicht, wenn dies gelingt. Die Frage, ob die Schülerinnen und Schüler dabei etwas gelernt haben, das ihnen nun auch bei der Beschäftigung mit einem anderen Text hilft, steht nicht im Fokus der didaktischen Überlegungen. Darauf aber kommt es bei Kompetenzorientierung an.
- Im Deutschunterricht ist der Gedanke des kumulativen Lernens, der für die Kompetenzorientierung wichtig ist, wenig präsent. Das wird etwa daran deutlich, dass Lehrkräfte, die eine Klasse übernehmen, sich allenfalls erkundigen, welche Lektüren behandelt worden sind, aber kaum den Lehrer oder die Lehrerin, von dem oder der sie die Klasse übernehmen, fragen, welche Lese- und Interpretationsstrategien vermittelt worden sind. Das wäre aber wichtig, wenn man kontinuierlich Lesekompetenz weiterentwickeln will. In der Sprachdidaktik ist der Kompetenzbegriff schon seit Längerem durch die Kommunikationsorientierung umgesetzt. Das

zeigt sich etwa darin, dass in Lehrplänen heute nicht mehr vom Besinnungsaufsatz und in der Regel auch nicht mehr von der Erörterung die Rede ist, sondern vom argumentativen (oder erörternden) Schreiben, also von schriftlicher Argumentationskompetenz.

3 Ein Mehrebenenmodell als Vermittlungsvorschlag

Der Begriff der Bildung (im Sinne der für das deutsche Schulsystem so wichtigen humanistischen Bildungstradition) und der Kompetenzbegriff stehen, wie die obige Gegenüberstellung gezeigt haben mag, in einem Spannungsverhältnis zueinander. Sie sollen hier nun allerdings nicht gegeneinander ausgespielt werden. Vielmehr schlage ich ein Modell mit vier Ebenen vor, das meines Erachtens zur Klärung beitragen und eine sinnvolle Perspektive für die Weiterentwicklung des Faches geben kann. Ich unterscheide die folgenden Ebenen:

- Inhalte
- Strategien
- Kompetenzen
- fachübergreifende Bildungsansprüche.

3.1 *Inhalte*

Dass die Inhalte in dem Modell an erster Stelle stehen, ist darin begründet, dass sie lange Zeit – unter dem Einfluss der bildungstheoretischen Didaktik – im Fokus des didaktischen Denkens standen: Man behandelte das Adjektiv oder die Konsonantenverdopplung oder die *Schwarze Spinne*. Solche Inhalte (man spricht auch von Unterrichtsgegenständen oder -stoffen) werden in der didaktischen Analyse im Hinblick auf ihren Bildungsgehalt befragt. Auf dieser Basis wird das Vorgehen im Unterricht entworfen.

Die Kompetenzorientierung rückt die Inhalte in den Hintergrund (das geschah zum Teil schon in der lerntheoretischen Didaktik in den 70er Jahren des 20. Jahrhunderts). Es geht, entsprechend den Formulierungen in den Bildungsstandards der KMK (10. Jahrgangsstufe), darum, über grundlegende Lesefertigkeiten zu verfügen, epische, lyrische, dramatische Texte zu unterscheiden, analytische Methoden anzuwenden usw. Dass Kinder und Jugendliche sich auch durch Texte berühren und faszinieren lassen, dass sie einen intensiven persönlichen Bezug zu bestimmten Inhalten entwickeln können, dass sie bleibende Erfahrungen mit literarischen Texten machen, passt nicht recht zu den kompetenzorientierten Bildungsstandards.

Nun gibt es freilich auch heute noch in der Literaturdidaktik eine Kanondiskussion, wie sie für eine inhaltsorientierte Didaktik kennzeichnend ist. Sogar für Kanones zu Kinder- und Jugendliteratur und zum Film sind Vorschläge gemacht worden. Es ergeben sich im Hinblick auf die Schule allerdings immer zwei kaum überwindbare Probleme: Die Kanonvorschläge geraten jeweils so umfangreich, dass sie für den normalen Schulunterricht unrealistisch werden. Und Beispiele aus der Gegenwart können nur schwer aufgenommen werden, weil sich der kanonische Wert eines Werkes erst mit der Zeit herausstellt.

Dennoch ist es sinnvoll, Unterrichtstexte nicht einfach als beliebige Textvorlagen für Kompetenzschulung einzusetzen, sondern sich zu überlegen, ob sie für Heranwachsende auch inhaltlich bedeutsam sind. Dabei erscheint mir ein Bezug auf grundlegende anthropologische Erfahrungen und auf die damit zusammenhängenden Entwicklungsaufgaben von Heranwachsenden sinnvoll. Ich nenne hier drei solcher Grundthemen, die in der Literatur immer wieder entfaltet werden und die zugleich als Entwicklungsaufgabe für Heranwachsende wichtig sind:

- Phantasie – Wirklichkeit
- Aufbruch
- Tod – Leben.

Die Bedeutung des Themas ›Phantasie – Wirklichkeit‹ lässt sich wie folgt begründen: Es gehört zur psychischen Ausstattung des Menschen, dass er nicht nur in Bezug auf die konkrete Wirklichkeit wahrnimmt und lebt, sondern dass er mit seiner Vorstellungskraft das Hier und Jetzt hinter sich lassen kann. In der Literatur konkretisiert sich seit Jahrtausenden das Bedürfnis, die Schranken der Wirklichkeit zu überwinden beziehungsweise diese von anderer Seite zu sehen. Dabei wird immer wieder ein Wechselspiel von Wirklichkeit und Phantasie inszeniert, am deutlichsten in der phantastischen Literatur mit ihrer Gegenüberstellung von zwei Welten. Aber schon Kleinkinder beschäftigen sich in ihren Rollenspielen mit Wirklichkeitsimitation und Phantasie (recht früh verwenden sie schon den Konjunktiv II: »Du wärst jetzt der König …«). So ist es nicht verwunderlich, dass literarische Texte, die in eindringlicher, lustiger oder spannender Weise Phantasie und Wirklichkeit zueinander in Bezug setzen, immer wieder besonderes Leseinteresse finden. Das Verhältnis von Phantasie und Wirklichkeit kann trivial oder raffiniert, klischeehaft oder originell, oberflächlich oder subtil gestaltet sein – für die Textauswahl sollte entsprechend die Frage nach der literarischen Qualität eine Rolle spielen; es darf nicht, wie es Bernhard Rank formuliert hat, eine Reduktion auf »kunterbunten Lesezauber« (Rank 2004, S. 205) geben; »wir dürfen uns nicht vor dem Problem der literaturpädagogischen Wertung drücken.« (Rank 2004, S. 198)

Zur Veranschaulichung ziehe ich den mit dem Deutschen Jugendliteraturpreis ausgezeichneten Jugendroman von Do van Ranst *Wir retten Leben, sagt mein Vater* (2006) heran. Die Protagonistin wohnt an einem Ort, »an dem alles aufhört« (S. 21), und zwar im wörtlichen und im übertragenen Sinn: Das Haus, in dem die Familie wohnt, ist das letzte vor einer Brücke, die nicht fertig gebaut worden ist. In der Familie ist das Leben zum Stillstand gekommen – die Großmutter spricht nicht mehr, seit ihr Mann sich an der unfertigen Brücke das Leben genommen hat, der Vater sitzt nur starrend vor dem Fernseher. Die Protagonistin wünscht sich ein anderes Leben, und so wechselt die Erzählung zwischen dem, was die Protagonistin in ihrem wirklichen Leben erlebt, und ihren Phantasien. Kapitel 9 beginnt zum Beispiel mit folgenden Sätzen: »Wenn ich auf der Brücke sitze, lasse ich meiner Fantasie freien Lauf. Ich habe mir eine Fortsetzungsgeschichte ausgedacht […]« (S. 20). Wo es nicht weitergeht, an der halb gebauten Brücke, setzt die Phantasie ein.

Das Motiv des Aufbruchs erscheint in der Erzählung zunächst nur als Negativfolie. An einem Ort, »an dem alles aufhört«, gibt es keinen Aufbruch – man kann ihn nur phantasieren (hier ergibt sich eine Verbindung zum erstgenannten thematischen Aspekt). Allerdings geht die Protagonistin, ziemlich ahnungslos und trotz des Verbots der Mutter, in der Dunkelheit zur Brücke, bei der sich abends zwielichtige Menschen aufhalten, die mit Drogen und Sex zu tun haben. Dieses Aufsuchen eines verbotenen Ortes ist ein verbreitetes literarisches Motiv, das die Ablösung von der elterlichen Behütung markiert und insofern auch einen Aufbruch bedeutet, der hier allerdings eine negative Erfahrung bringt. Der wirkliche Aufbruch findet erst ganz am Ende des Buches statt; die Familie verlässt das Haus und die Protagonistin sieht es in Flammen aufgehen – der letzte Satz des Buches, von ihr gesprochen, lautet: »Das Feuerwerk. Es ist wundervoll.« (S. 142)

Tod und Leben ist zentrales Leitmotiv des Buches, das zeigt schon der Titel. Er bezieht sich darauf, dass das Haus der Familie an einer scharfen Kurve steht und immer wieder Autofahrer in das Haus hineinkrachen und dann von der Familie gesund gepflegt werden. Das ist auch der Fall bei Zack, der sich bei der Brücke das Leben nehmen will und dadurch gerettet wird, dass er mit seinem Auto im Haus gelandet ist. So wird in der Erzählung von Do van Ranst das literarische Grundmotiv der Begegnung mit dem Tod beziehungsweise mit tödlicher Gefahr auf ungewöhnliche, originelle Weise gestaltet. Bewusst spreche ich dabei von Tod und Leben und nicht umgekehrt von Leben und Tod. Die Erzählung zeigt, wie Todeswunsch und tödliche Erstarrung des Lebens überwunden werden können. Darin zeigt sich ein Grundthema der Literatur: Immer wieder handelt sie vom Lebendigen trotz des Todes, lässt in der ästhetischen Erfahrung das Lebendigsein erfahrbar werden.

Diese Hinweise auf das Buch von Do van Ranst sollen verdeutlichen, dass Inhalte nicht beliebig sein sollten. Gewiss wird man im Unterricht Kompetenzen wie das symbolische Verstehen oder den Nachvollzug von Figurenperspektiven erarbeiten. Aber die Überlegung, ob ein Text für die Schülerinnen und Schüler denn auch in seinem Gehalt bedeutsam sei, muss ein Kriterium bleiben.

Auch im Sprachunterricht gibt es Inhalte, die wichtig sind. Das wären im Rechtschreibunterricht zum Beispiel die beiden Hauptprinzipien (das phonologische und das morphematische) oder die Silbe. Nicht um Begriffswissen geht es dabei, auch implizite Lernprozesse sind hier wichtig. In der Vermittlung von phonologischer Bewusstheit wird zum Beispiel schon für den Kindergarten gefordert, dass ein impliziter, unbewusster Begriff der Silbe durch das laute Sprechen und Klatschen vermittelt wird.

3.2 *Strategien*

Für den Deutschunterricht ist in den letzten Jahren die Vermittlung von Strategien immer mehr betont worden. Im Rechtschreibunterricht hat das am nachhaltigsten zu einer Neuorientierung in den Schulen geführt und empirische Studien belegen den Erfolg des neuen Rechtschreiblernens. Dass es dabei eine enge Verknüpfung von Einsicht in die Sachstruktur (also Inhaltsorientierung) und Strategielernen gibt, zeigen schon Begriffe wie phonetische Strategie, morphematische Strategie usw., mit denen die oben genannten inhaltlichen Aspekte aufgegriffen werden.

Eine große Rolle spielen neuerdings die Lesestrategien, also das Erschließen von Wortbedeutungen aus dem Satz- und Textzusammenhang, das Unterstreichen wichtiger Begriffe, das Gliedern in Absätze, das Exzerpieren usw. Bei Unterrichtsmaterialien zum Strategietraining, wie sie derzeit zahlreich und mit großem Werbeaufwand von den Verlagen angeboten werden, zeigt sich nun allerdings die Gefahr, dass Inhalte beliebig erscheinen. Das ist zum Beispiel bei denjenigen Lernprogrammen der Fall, bei denen jeweils an einem Text nur eine Strategie geübt wird, also etwa das Erklären schwieriger Wörter bei dem einen Text und dann bei einem anderen das Formulieren von Überschriften zu Absätzen.

3.3 *Kompetenzen*

Während Strategien isolierbare Handlungsmuster für die Bewältigung von Teilproblemen sind, versteht man unter Kompetenzen komplexere Handlungsdispositionen, die in konkreten Situationen Problembewältigung ermöglichen. Wenn Kinder lernen, ein Wort zu verlängern, um bei Doppelkonsonanz oder Auslautverhärtung auf die richtige Schreibung zu kommen (brennt zu brennen, Hand zu Hände), dann wenden sie eine Strategie an, die im Verbund mit anderen Strategien, Wissensbeständen und emotionaler Bereitschaft die Rechtschreibkompetenz ausmachen kann. Es erscheint mir sinnvoll, in diesem Sinne einen Unterschied zwischen dem Strategie- und Kompetenzbegriff zu machen, sonst wird Letzterer entwertet. Derzeit besteht eine deutliche Gefahr, dass der Kompetenzbegriff völlig diffus verwendet wird. Das lässt sich zum Beispiel an Kompetenzformulierungen bei Unterrichtsmodellen zeigen. Als Beleg nenne ich einige Beispiele aus dem Heft 1/08 der Zeitschrift *Deutschunterricht* (Westermann). Zu einem Unterrichtsmodell zu Angola werden unter anderen folgende Kompetenzen genannt:

> Die Schülerinnen und Schüler
> – lesen das Basismaterial über Jugendliche in Angola sinnerfassend und stellen ihr Verständnis tabellarisch dar [...]
> – verfassen Texte unterschiedlicher Art (Brief, Plakat, Referat, Rede) auf der Basis ihrer Informationen.
> (Jünger 2008, S. 35)

Zu einem Unterrichtsmodell zu Christa Wolf:

> – Die Schülerinnen und Schüler setzen sich mit dem literarhistorischen Kontext der *Kassandra*-Erzählung auseinander.
> (Kottkamp 2008, S. 21)

Hier wird als Kompetenz genannt, was eigentlich die Beschreibung dessen ist, was im Unterricht gemacht werden beziehungsweise was als Ergebnis herauskommen soll (das gleiche Problem zeigte sich in den siebziger Jahren des 20. Jahrhunderts bei der Formulierung von Lernzielen, die vor allem auf der Ebene der Feinziele mit den Arbeitszielen vermengt wurden). Kompetenzen beziehen sich auf Fähigkeiten, die so angeeignet werden, dass sie auch in anderen Situationen zum Tragen kommen können. Die Formulierung »verfassen Texte unterschiedlicher Art« könnte man allenfalls als Kompetenzbeschreibung gelten lassen, wenn man das »ihrer« im zweiten Teil des Satzes durch »von recherchierten« ersetzen würde. Das wäre dann allerdings eine sehr vage Kompetenzbeschreibung.

Wie eng beziehungsweise wie weit Kompetenzen gefasst werden sollen, ist in der Forschung noch eine offene Frage. Man spricht bezogen auf den Lese- und Literaturunterricht von Lesekompetenz und von literarischer Kompetenz; zur Ausdifferenzierung von Letzterer habe ich selbst elf Kompetenzen vorgeschlagen (Spinner 2006, S. 8–13):

- Beim Lesen und Hören Vorstellungen entwickeln
- Subjektive Involviertheit und genaue Wahrnehmung miteinander ins Spiel bringen
- Sprachliche Gestaltung aufmerksam wahrnehmen
- Perspektiven literarischer Figuren nachvollziehen
- Narrative und dramaturgische Handlungslogik verstehen
- Mit Fiktionalität bewusst umgehen
- Metaphorische und symbolische Ausdrucksweise verstehen
- Sich auf die Unabschließbarkeit des Sinnbildungsprozesses einlassen
- Mit dem literarischen Gespräch vertraut werden
- Prototypische Vorstellungen von Gattungen/Genres gewinnen
- Literaturhistorisches Bewusstsein entwickeln

3.4 *Fachübergreifende Bildungsansprüche*

Man wird heute kaum bezweifeln, dass die Vermittlung von fachspezifischen Kompetenzen, wie sie in den Bildungsstandards (noch etwas unzureichend) formuliert sind, eine Hauptaufgabe von Schule sein muss. Aber der Anspruch von Bildung geht darüber hinaus. Dazu zitiere ich hier aus einem Artikel des Philosophen Peter Bieri (eher bekannt unter seinem Schriftstellernamen Pascal Mercier):

> Der Leser von Literatur lernt noch etwas anderes [im Vergleich zum Lesen von Sachbüchern]: wie man über das Denken, Wollen und Fühlen von Menschen sprechen kann. Er lernt, daß man derselben Sache gegenüber anders empfinden kann, als er es gewohnt ist. Andere Liebe, anderer Haß. Er lernt neue Wörter und neue Metaphern für seelisches Geschehen. Er kann, weil sein begriffliches Repertoire größer geworden ist, nuancierter über sein Erleben reden, und das wiederum ermöglicht ihm, differenzierter zu empfinden.
>
> Das hat zur Folge, daß auch seine Beziehungen zu den Anderen differenzierter und reicher werden. Das gilt vor allem für die Fähigkeit, die wir Einfühlungsvermögen nennen. Sie ist ein Gradmesser für Bildung: Je gebildeter jemand ist, desto besser kann er sich ausmalen, wie es wäre, in der Lage Anderer zu sein, und dadurch vermag er, ihr Leid zu erkennen. Bildung macht präzise soziale Phantasie möglich, und in dieser Form ist Bildung tatsächlich ein Bollwerk gegen Grausamkeit.
>
> (Bieri 2007, S. 26–27)

Dieses Zitat zeigt, wie literarische und sprachliche Bildung ineinandergreifen können. Zugleich geht es um Bildungsziele, die über fachspezifische Kompetenzen hinausreichen, wenn von »präziser sozialer Phantasie« die Rede ist.

Bieris Argumentation steht in der Tradition des humanistischen Bildungsbegriffs (vgl. dazu zum Beispiel Borsche 2007; Lauer 2007). Dabei scheinen mir die folgenden Aspekte besonders wichtig:

- Es geht um einen Bildungsanspruch für alle. Schon beim Grundschulkind und auch beim Hauptschüler können wir »Einfühlungsvermögen« anregen.
- Was Bieri als Bildung bezeichnet, liegt jenseits fachbezogener, pragmatisch-funktionaler Ausbildung.
- Es geht um eine Bildung zur Individualität.
- Nicht das abrufbare Wissen, sondern Bildung des Inneren, des Denkens und der Gefühle, steht im Zentrum.
- Als übergreifendes Ziel ist die Zukunft der menschlichen Gesellschaft jenseits ökonomischen Fortschritts im Blick. Bildung hat mit der Erziehung des Menschengeschlechts zu tun, wie es die Pädagogen und Philosophen um 1800 formuliert haben.

Der Deutschunterricht hat sich seit je solchen Zieldimensionen verpflichtet gefühlt. Auch wenn Bieri etwas einseitig das Einfühlungsvermögen akzentuiert, so zeigt er doch, wie eine Reflexion auf den Bildungsbegriff Orientierung geben kann für grundlegende Aufgaben, die der Erziehung und der Schule gestellt sein sollten.

In gewisser Hinsicht greift die Argumentation mit den übergreifenden Bildungszielen zurück auf das, was oben zu der Ebene der Inhalte und ihrer anthropologischen und schülerbezogenen Relevanz gesagt worden ist. Aber der Fokus ist beim Bildungsbegriff, wenn man ihn so wie Bieri fasst, stärker auf die inneren Prozesse im Menschen gerichtet. In gewisser Weise schließt sich trotzdem der Kreis; man könnte das Mehrebenenmodell deshalb auch in Kreisform darstellen. Inhalte, Strategien, Kompetenzen und fachübergreifende Bildungsansprüche greifen ineinander. Nicht jeder beliebige Text kann Anregung für das sein, was Bieri als Bildungsziel nennt; und ohne Lesekompetenz einschließlich einzelner Texterschließungsstrategien ist keine wirksame Texterfahrung möglich. Im Sinne eines solchen Ineinandergreifens ist es für die weiteren Anstrengungen in der Qualitätsentwicklung von Deutschunterricht wichtig, dass wir geistig anregende Formen der Vermittlung von Strategien einsetzen, dass wir Kompetenzmodelle im Hinblick auf ihre Praktikabilität weiterentwickeln und dass wir nicht aus dem Auge verlieren, dass sich Schule dem Anspruch auf Menschenbildung stellen muss; diese greift über das, was in Kompetenzmodellen beschreibbar ist, hinaus.

4 Beispiel zur Verbindung sprachlicher und literarischer Bildung

An einem Beispiel aus der Kinderliteratur gebe ich abschließend einige Hinweise, wie sich sprachliche und literarische Bildung verbinden können. Ich wähle das Buch *Man darf mit dem Glück nicht drängelig sein* von Kirsten Boie (Boie 1997), zweifellos eines der herausragenden Werke der Kinderliteratur aus den letzten Jahren. Dabei greife ich die drei inhaltlichen Kategorien wieder auf, die ich oben genannt habe: Phantasie und Wirklichkeit, Aufbruch, Tod und Leben.

Für das Spiel zwischen Phantasie und Wirklichkeit ist zum Beispiel die folgende Textstelle interessant:

> Es ist immer schlimm, wenn man unglücklich ist, ja bestimmt; aber es ist noch viel, viel schlimmer, wenn man vor-

her gerade so glücklich war. Und Anna denkt, dass sie jetzt einfach in den Wald gehen könnte, ganz allein. Immer geradeaus könnte sie gehen, den ganzen Tag, und in der Nacht könnte sie sich hinter einem großen Felsbrocken zum Schlafen legen. Und sie könnte Walderdbeeren sammeln und später dann Blaubeeren und das Wasser könnte sie aus den Bächen trinken. Denn hier vermisst sie ja doch keiner, nicht Mama, die zu ihrer Fortbildung muss, und nicht Papa, der ein neues Kind haben möchte, ein Kind von Irene. Und sie könnte weiterwandern, bis der Herbst kommt und die Tiere des Waldes sie kennen und zu ihr kommen, wenn sie sich einen Dorn in die Pfote getreten haben; und wenn der Winter kommt, könnte sie eine Hütte bauen und Zweige und Blätter holen für ein Lager und Stroh von den Feldern; und sie könnte dort leben und alt werden und Mama und Papa würden nach ihr suchen und sie nicht finden und weinen, während Anna im Wald mit den Tieren ihr trauriges kleines Leben lebt.

(S. 76)

In einer Situation der Niedergeschlagenheit malt sich die Protagonistin Anna hier eine Fluchtphantasie aus, die zugleich eine Strafphantasie im Sinne einer Selbstbestrafung und einer Bestrafung der Eltern ist (»Papa und Mama würden […] weinen«). Dabei zeigt die Textstelle typische sprachliche Mittel, mit denen ein solches tagträumerisches Phantasieren geschildert werden kann: Da ist der Konjunktiv II als Modus der Irrealität, das wiederholt verwendete Modalverb »können«, die Gedankenwiedergabe (»denkt, dass …« und indirekte Rede) und schließlich die auffallend häufige Verwendung der Konjunktion »und«, die den Fluss der Gedanken und Vorstellungen anzeigt (hier können Kinder sehen, dass es Texte gibt, bei denen die Aneinanderreihung mit »und«, die ihnen in Aufsätzen oft angekreidet wird, in bestimmten Fällen gerechtfertigt ist). Lesend und (wenn das Buch vorgelesen wird) hörend machen Kinder hier Spracherfahrungen, die mit der Vermittlung bestimmter Inhalte zusammenhängen. Es sind Überlegungen zum Stil und seiner inhaltlichen Bedeutung möglich (zum Beispiel: Warum verwendet Kirsten Boie hier so viele »und«?) und die Kinder können sich inhaltlich und sprachlich zum Verfassen eigener Texte anregen lassen (zum Beispiel eigener Flucht-Phantasien).

Für das Stichwort »Aufbruch« ist der Titel des Buches interessant. Er spielt auf die Redewendung »sein Glück suchen« an, die als Formel für ein Grundmotiv von Märchen und Abenteuerliteratur gelten kann. Der Titel von Boies Buch relativiert die tradierte Vorstellung des vorwärtsdrängenden Helden. Das Adjektiv »drängelig« werden die Kindern nicht kennen, es findet sich auch nicht in Lexika, aber man kann es verstehen (etwa wenn man an das Verb »drängeln« denkt); es löst Assoziationen aus, über die man sich austauschen kann, und so kann das Nachdenken über ein ungewöhnliches Wort zum Hauptmotiv des gesamten Buches hinführen.

Für das Stichwortpaar Tod/Leben sei die folgende Stelle aufgegriffen (Anna und Friedrich unterhalten sich über das Kind, das die neue Freundin von Annas Vater erwartet; Friedrich ist der Sohn der Freundin):

> »Vielleicht stirbt das Baby ja«, sagt sie vorsichtig. »Ich mein jetzt, im Bauch. Wo es noch gar kein richtiges Baby ist. Da ist es doch noch nicht so schlimm, oder? Deine Mutter kann ja meinetwegen gesund bleiben«, und sie guckt, was Friedrich zu dem Vorschlag meint.
>
> Natürlich sind das eigentlich Gedanken, die man nicht laut sagen darf.
>
> »Das denk ich ja auch die ganze Zeit«, sagt Friedrich leise

> und nun bleibt Anna vor Staunen doch stehen. »Immer wenn er Mama anruft. Dein Vater. Dann denk ich, vielleicht ist das Baby … Die können ja nicht alles schaffen, die Ärzte, nicht? Auch nicht im Krankenhaus.«
>
> »Nee, das können die nicht«, sagt Anna erstaunt und sie wundert sich, dass sie das alles sagen kann. Und auch noch zu diesem Scheißkerl.
>
> »Wenn es lebendig bleibt, wird es ein Junge«, sagt Friedrich. »Sie haben eine Untersuchung machen lassen, da wissen sie das. Er soll Jannis heißen.«
>
> (S. 144 f.)

Wenn man diese Textstelle genau verfolgt, dann erkennt man, dass der Wunsch, das ungeborene Baby möge sterben, schrittweise relativiert wird, und zwar durch die Abfolge der Bezeichnungen: »noch gar kein richtiges Baby« – »das Baby …« – »ein Junge« – »Jannis«. Ein ungeborenes »Baby« ist noch ganz allgemein, »das Baby« ist schon bestimmter (bestimmter Artikel), mit dem Wort »Junge« bekommt es eine geschlechtliche Identität, mit dem Namen eine persönliche Identität. Die Textstelle greift ein Tabuthema auf (man wünscht jemand den Tod, man vergleiche auch die drei Punkte beim abgebrochenen Satz »vielleicht ist das Baby …«), der Wunsch wird ausgesprochen und im Gespräch zwischen den beiden ergibt sich die Tendenz zu seiner Überwindung. Etwas später sagt Anna denn auch: »Wenn man weiß, dass er Jannis heißt, ist er fast schon ein Mensch« (S. 148). Am Ende des Buches kann es Anna dann auch akzeptieren, dass es einen Stiefbruder geben wird.

Solche gestalterischen Feinheiten bei einem literarisch qualitätsvollen Buch können Kinder noch nicht oder höchstens ansatzweise analysieren; aber literarische Texte wirken ja nicht erst, wenn sie mit Lesestrategien bearbeitet und analysiert worden sind. Literarische Erfahrung als differenziertes Empfinden und als präzise soziale Phantasie (um mit Peter Bieri zu sprechen) kann mit dem Kompetenzbegriff nicht ausreichend erfasst werden. Aber sie gehört zur Bildung heranwachsender Menschen.

5 Schluss

Abschließend sei thesenartig festgehalten:

- Eine stärkere Kompetenzorientierung und eine weitere fachdidaktische Forschung zur Entwicklung von Kompetenzmodellen verspricht eine Qualitätsverbesserung von Unterricht.
- Es muss aber im Bewusstsein bleiben, dass der Kompetenzbegriff auch seine Grenzen hat. Der Bildungsbegriff, wie er in der humanistischen Tradition diskutiert wird, muss zur kritischen Überprüfung und als Grundorientierung wach gehalten werden. Es gilt, was Marcus Steinbrenner folgendermaßen prägnant formuliert hat: »Der Kompetenzbegriff ist kein Denkrahmen, er braucht einen Denkrahmen.« (Steinbrenner 2007, S. 414)

Es ist der Bildungsbegriff, der als notwendiger Denkrahmen dienen kann.

Literatur

Primärliteratur

Boie, Kirsten: Man darf mit dem Glück nicht drängelig sein. Hamburg: Oetinger, 1997.

Ranst, Do van: Wir retten Leben, sagt mein Vater. Aus dem Niederländischen von Andrea Kluitmann. Hamburg: Carlsen, 2006.

Sekundärliteratur

Bieri, Peter: Wie wäre es, gebildet zu sein? In: ZEITmagazin Leben 32 (2007) S. 26–27.

Borsche, Tilman (2007): Zum Begriff der Bildung bei Wilhelm von Humboldt. In: Susanne Gölitzer / Jürgen Roth (Hrsg.): Wirklichkeitssinn und Allegorese. Festschrift für Hubert Ivo zum achtzigsten Geburtstag. Münster: Monsenstein und Vannerdat, 2007. S. 9–20.

Bourdieu, Pierre: Zur Soziologie der symbolischen Formen. Aus dem Frz. von Wolfgang Fietkau. Frankfurt a. M.: Suhrkamp, 1974.

Jünger, Ursula: Zum Beispiel Angola: Fördern durch Freiarbeit. In: Deutschunterricht 61 (2008) H. 1. S. 35–37.

Kottkamp, Martin: Mit dem Advance Organizer individuell üben und wiederholen. In: Deutschunterricht 61 (2008) H. 1. S. 21–25.

Lauer, Gerhard: Die Bildung des Menschen. Zur Ideengeschichte eines unwahrscheinlichen Begriffs. In: Doris Lemmermöhle / Marcus Hasselhorn (Hrsg.): Bildung – Lernen. Humanistische Ideale, gesellschaftliche Notwendigkeiten, wissenschaftliche Erkenntnisse. Göttingen: Wallstein, 2007. S. 59–78.

Ossner, Jakob: Kompetenzen und Kompetenzmodelle im Deutschunterricht. In: Didaktik Deutsch 12 (2006) H. 21. S. 5–19.

Rank, Bernhard: Kinderliteratur, literarische Sozialisation und Schule oder: Vom Vergnügen am Umgang mit kinderliterarischen Texten. In: Gerhard Härle / Bernhard Rank (Hrsg.): Wege zum Lesen und zur Literatur. Baltmannsweiler: Schneider Hohengehren, 2004. S. 187–213.

Rosebrock, Cornelia: Literaturunterricht zwischen Bildungsnorm und Leseleistung. In: Gerhard Härle und Gina Weinkauff (Hrsg.): Am Anfang war das Staunen. Wirklichkeitsentwürfe in der Kinder- und Jugendliteratur. Baltmannsweiler: Schneider Hohengehren, 2005. S. 249–266.

Spinner, Kaspar H.: Literarisches Lernen. In: Praxis Deutsch 33 (2006) H. 200. S. 6–16.

Steinbrenner, Marcus: Freiheit und Bindung – Sprachlich-literarische Bildung und die Suche nach einem Denkrahmen für die Deutschdidaktik. In: Susanne Gölitzer / Jürgen Roth (Hrsg.): Wirklichkeitssinn und Allegorese. Festschrift für Hubert Ivo zum achtzigsten Geburtstag. Münster: Monsenstein und Vannerdat, 2007. S. 390–420.

Kreatives Schreiben zu literarischen Texten

1 Theorie

Kreatives Schreiben zu literarischen Texten ist in den vergangenen Jahren immer mehr zu einem selbstverständlichen Teil des Deutschunterrichts geworden und entsprechend in fast allen Lehrplänen verankert. Es verbindet schreib- und literaturdidaktische Unterrichtsziele und ist deshalb auch ein Beispiel für integrativen Deutschunterricht. Zudem ordnet es sich ein in eine Unterrichtskonzeption, für die fachübergreifend die Förderung der Kreativität ein wesentliches Ziel ist. Damit ist gemeint, dass Schülerinnen und Schüler ermuntert und befähigt werden sollen, eigene Ideen zu entwickeln und einzubringen, eingefahrene Denkbahnen zu verlassen und ihre individuellen gestalterischen Kräfte zu entwickeln. In der Fachdidaktik erscheint das kreative Schreiben unter zwei sich überlappenden Diskussionssträngen: einem schreibdidaktischen und einem literaturdidaktischen. Entsprechend ist in der Regel entweder von kreativem Schreiben oder von (handlungs- und) produktionsorientiertem Literaturunterricht die Rede.

Sprachdidaktischer Begründungszusammenhang: Kreatives Schreiben

Konzepte des kreativen Schreibens sind in Abgrenzung von einem an Aufsatzgattungen orientierten und von einem die alltagsnahen Sachtexte bevorzugenden kommunikativen Schreibunterricht entwickelt worden; dieser Reformschub geht im Wesentlichen auf die 80er Jahre des 20. Jahrhunderts zurück. Mit dem kreativen Schreiben soll dem subjektiven

Ausdruck der Schülerinnen und Schüler, ihrer Gestaltungskraft, ihrem Einfallsreichtum und ihrer Fantasie Raum gegeben werden. Literarische Schreibformen wie Gedichte, Erzählungen, Schilderungen und Ähnliches rücken dabei in den Vordergrund. Kreatives Schreiben setzt auf Intuition und will allzu strikte Verstandeskontrolle, die Schreibhemmungen auslösen kann, zurückhalten. Oft wird das kreative Schreiben auch als ganzheitlich bezeichnet, weil es emotionale und imaginative Verarbeitungsweisen mit dem vorwiegend rational-kognitiven Charakter von Sprache verbindet. Ein Zitat aus einem Interview, das der Hirnforscher Wolf Singer zur Erziehung gegeben hat, mag verdeutlichen, was dies in neurobiologischer Sicht bedeutet:

> Sprache erfordert ja das Erzeugen von Sequenzen, sowohl in Schrift als auch in Worten, während sehr viele unserer Wahrnehmungsleistungen, hier besonders die visuellen, parallel ablaufen. Hier wird gleichzeitig sehr vieles erfaßt, was im Hirn parallel repräsentiert wird. Die große Schwierigkeit beim Erlernen von Sprechen und Schreiben ist, daß man dieses parallele Vorhandensein von Bezügen und Wissen im Gehirn in eine Sequenz von Zeichen bringen muß. Das ist für das Gehirn ein ganz unnatürlicher Vorgang. [...] Deshalb versucht ja auch jemand, der mehr ausdrücken will, als sich nur in einfachen Aussagesätzen sagen läßt, zum Beispiel Gedichte zu schreiben, in denen die Informationen ja nicht nur in den Sequenzen von Worten enthalten sind, sondern auch in der Melodie und in dem, was zwischen den Zeilen ist, in der *Form*, wie es geschrieben ist, dies sind alles Versuche, die enge Begrenzung des Sprachkanals zu überwinden
>
> (Singer 2003, S. 99).

In neurobiologischer Sicht kann das kreative Schreiben als eine Möglichkeit gesehen werden, den Gegensatz zwischen dem simultan vernetzten Wissen im Gehirn und der Linearität der Sprache zu überbrücken. Das erklärt, warum kreatives Schreiben insbesondere für die Anfänge des Schreibenlernens und für die Überwindung von Schreibblockaden wichtig sein kann und auch in therapeutischer Absicht eingesetzt wird.

Der Begriff des kreativen Schreibens hat allerdings auch mancherlei Kritik erfahren, etwa mit dem Argument, dass eigentlich jedes Schreiben eine kreative Leistung darstelle (Abraham 1998; Hornung 2002, 294 ff.). Doch angesichts der Tatsache, dass die derzeit vorherrschende prozessorientierte Konzeption der Schreibdidaktik die kognitiv-rational ausgerichteten Planungs- und Überarbeitungsstrategien betont, dürfte es wichtig sein, den Begriff des kreativen Schreibens weiterhin beizubehalten, weil er die intuitiven Anteile beim Schreiben in den Blick rückt.

Kreatives Schreiben lehnt sich an literarische Schreibmuster an, ist aber nicht notwendigerweise ein Schreiben zu literarischen Texten. Bilder, Musik, Erfahrungen in der Natur oder städtischen Räumen oder Assoziationsverfahren (zum Beispiel Clustering oder automatisches Schreiben) sind typische Zugänge zum kreativen Schreiben. Das Schreiben zu literarischen Texten ist also nur eine Teilmenge des kreativen Schreibens; ihm kommt allerdings eine hervorgehobene Rolle zu, weil durch die literarischen Texte Schülerinnen und Schüler Anregungen für die sprachliche Gestaltung erhalten.

Literaturdidaktischer Begründungszusammenhang: Handlungs- und produktionsorientierter Literaturunterricht

Wesentlich angestoßen durch die Rezeptionsästhetik, die die aktive Mitwirkung des Lesers am literarischen Sinnbildungsprozess betont, hat der so genannte handlungs- und produktionsorientierte Literaturunterricht dem kreativen Umgang mit Texten einen neuen Stellenwert in der Schule verschafft (vgl. Spinner 2003): Texte sollen nicht nur gelesen, besprochen, mündlich und schriftlich analysiert werden, vielmehr sollen Schülerinnen und Schüler auch gestaltend, das heißt literarisch schreibend, szenisch spielend, malend, musizierend mit Texten umgehen. Ein solches Vorgehen erfüllt mehrere Funktionen:

- Es schafft eine Verbindung zwischen subjektiver Erfahrungswelt und Wahrnehmung des Textes,
- es unterstützt die imaginative Vergegenwärtigung des Textes im Kopf des Lesers,
- es richtet den Blick auf die Machart von Texten, weil der Leser auch die Perspektive eines Produzenten übernimmt,
- es regt die Fantasie an und fördert einen wahrnehmungsintensiven, ästhetischen Zugang zu Texten.

Wie erwähnt, umfasst der handlungs- und produktionsorientierte Literaturunterricht auch szenische, bildnerische, akustische und andere Zugänge, bezieht sich also nicht nur auf das kreative Schreiben zu Texten. Auch sind nicht alle schriftlichen Verfahren des Ansatzes als kreativ zu bezeichnen (etwa wenn es nur darum geht, zwischen vorgegebenen Formulierungsvarianten zu einer Textstelle auszuwählen). Aber das kreative Schreiben zu Texten bildet doch den Hauptanteil an den Verfahren eines handlungs- und produktionsorientierten Literaturunterrichts.

2 Kreativität und Imitation – ein Widerspruch?

Kreatives Schreiben und handlungs- und produktionsorientierter Literaturunterricht gelten zwar als neuere Konzeptionen der Schreib- und Literaturdidaktik; sie haben jedoch durchaus eine weit zurückreichende Tradition. Als der Sprachunterricht noch rhetorisch ausgerichtet war, galt das Schreiben nach literarischen Mustern als selbstverständliche Übung (vgl. Merkelbach 1993). Erst gegen Ende des 18. Jahrhunderts traten Schreib- und Literaturunterricht auseinander, unter anderem weil sich durch die Vorstellung vom Dichter als Genie (und nicht als poetischer Handwerker) eine Kluft zwischen Produktion und Rezeption auftat und das Kopieren literarischer Muster in Misskredit kam.

Kreatives Schreiben zu Texten versteht sich heute offener als der frühere musterorientierte rhetorische Unterricht. Es soll den Schülerinnen und Schülern die Entfaltung eigener kreativer Potenziale ermöglichen. Hier wirkt sich unter anderem der Einfluss der Reformpädagogik aus, die in der pädagogischen und didaktischen Diskussion eine Renaissance am Ende des 20. Jahrhunderts erlebt hat. Damit verbunden ist die Gefahr, dass die imitativen Prozesse beim kreativen Schreiben unterschätzt und allzu sehr einer diffusen Vorstellung von kindlicher Genialität gehuldigt wird (zum Schreiben nach literarischen Mustern vgl. Merkelbach 1993 und Paefgen 1996). Aus diesem Grunde soll hier auf das Verhältnis von Kreativität und Imitation beim Schreiben etwas ausführlicher eingegangen werden.

Wenn jemand etwas imitiert, ist er – so unser geläufiges Verständnis – nicht kreativ. Ein genauerer Blick auf Texte, die im Rahmen des kreativen Schreibens (in der Schule oder auch in außerschulischen Schreibgruppen) entstehen, zeigt nun allerdings, dass sich in ihnen vielfältige literarische Vorbilder spiegeln. Schon wenn Kinder eine Fantasieerzählung mit den Worten »es war einmal …« beginnen, wird deutlich, dass sie eine solche Formulierung nicht selbst erfunden haben, sondern – bewusst oder unbewusst – auf ihre Märchenerfahrung zurückgreifen. Man kann grundsätzlich sagen, dass Imitation zu den Grundelementen des kreativen Schreibens gehört; das entspricht auch der modernen Literaturtheorie, die mit dem Begriff der Intertextualität betont, dass jedes literarische Schreiben ein Um- und Fortschreiben des je schon Geschriebenen ist. In der Praxis des kreativen Schreibens, aber auch in den einschlägigen Handbüchern spielt Anregung durch Textvorlagen durchaus schon immer eine große Rolle. Als kreativ kann man dieses Schreiben bezeichnen, weil es – anders als das bloß musterorientierte Schreiben – nicht einfach auf Regelerfüllung zielt, sondern weil ein Spielraum eröffnet wird, der auch eine Differenz zur Vorlage erlaubt, etwa dadurch, dass ein anderer (zum Beispiel persönlich gefärbter) Inhalt mit der übernommenen Form verbunden wird, dass eine parodistische Distanzierung erfolgt, dass eine Verbindung mit anderen Stilmitteln vorgenommen wird usw.

Man kann, um sich die Bedeutung des Imitierens zu vergegenwärtigen, eine Parallele zum elementaren Spracherwerb ziehen: Genauso wie das Kind die Sprache, die schon vor ihm da ist, imitierend übernimmt und sie zugleich von Anfang an spielerisch-kreativ umsetzt in seinen Monologen und Rollenspielen, speist sich das literarische Ausdrucksvermögen der heranwachsenden Kinder und Jugendlichen aus der Bekanntschaft mit Ausdrucksformen, die sie sich anverwandeln. Ein Unterricht, der nur auf die Kreativität der Kinder setzt und kein Sprachangebot als Anregungspotenzial macht, führt nicht zu kreativen Texten, wie die empirische Untersuchung zum kreativen Schreiben von Claudia Winter gezeigt hat (Winter 1998).

An einem einfachen Beispiel sei hier die Rolle der Imitation gezeigt: In einer sechsten Gymnasialklasse ging es darum, das Gedicht »Verlassene Alm« von Günter Eich zu behandeln. Ich begann mit Assoziationen der Kinder zum Stichwort »Herbst«, und zwar ausgehend von den Fragen »Was sehe ich?«, »Was höre ich?«, »Was rieche ich?«, »Was fühle ich?«. Dann zeigte ich das Eich-Gedicht auf dem Tageslichtprojektor und die Kinder verglichen es mit ihren Assoziationen. Ein kurzer Durchgang durch das Gedicht mit der Leitfrage zu jedem Satz »Was stelle ich mir bei dieser Satzaussage ganz konkret vor?« sicherte das inhaltliche Verständnis. Anschließend erhielten die Kinder den Auftrag, ein Frühlingsgedicht zu schreiben, und zwar in Anlehnung an die Art und Weise, wie Eich geschrieben habe, aber genau überlegend, was man ändern müsse, damit ein Frühlingsgedicht entstehe. Die Schülergedichte zeigen, wie in mehreren Fällen Merkmale der poetischen Gestaltung von Eich übernommen worden sind, obschon im Unterricht vorher in keiner Weise über Form und Struktur gesprochen worden war.

Verlassene Alm

Regenwasser
in den Trittspuren der Kühe.
Ratlose Fliegen
nah am November.

Der rote Nagel wird den Wind
nicht überstehen.
Der Laden wird in den Angeln kreischen,
einmal an den Rahmen schlagen,
einmal an die Mauer.
Wer hört ihn?

Günter Eich[1]

1 Günter Eich, *Gesammelte Werke in 4 Bänden*, revidierte Ausgabe, Frankfurt a. M. 1991, Bd. 1, hrsg. von Axel Vieregg, S. 86.

Ein Schülertext:

Lebendiger Frühling

Tauwasser am Wegesrand
Kühe auf der Alm.
Fliegen und Bienen,
ihre Kreise drehen.
Blüten rot, rosa, gelb und weiß.
Die letzten tropfen Wasser,
des Schnees getaut.
Vögel fangen an zu zwitschern.

Übernommen sind von Eich die Bildung von vierzeiligen Strophen, die Reimlosigkeit, die Verwendung von Sätzen ohne Prädikat. Fast Zeile für Zeile wird die Aussage des Eich-Gedichts aufgegriffen und verwandelt: Statt Regenwasser Tauwasser, statt ratlose Fliegen nun Fliegen und Bienen, die ihre Kreise drehen, statt eines einzelnen roten Nagels Blüten in verschiedenen Farben, statt des Kreischens und Schlagens des Ladens das Zwitschern der Vögel.

Ein anderes Schülerbeispiel:

Frühlingsgedicht

Zwitschernde Vögel
und summende Bienen.
Das Rauschen des Bachs
und spielende Kinder.

Tiere, die den Winter überstanden haben
Bäume mit ihren Blättern.
Die Wärme in der Sonne.
Hast du die Maus gesehen, die aus ihrem Loch kommt?

Dieser Text folgt inhaltlich nicht Satz für Satz der Vorlage. Wieder sind aber wesentliche formale Gestaltungsmerkmale aufgegriffen, hier nun auch die Frage als wirkungsvoller Abschluss des Gedichts. An diesem Satz kann man besonders schön zeigen, wie einerseits das Muster des Eich-Gedichts übernommen, aber zugleich ein altersgemäßer Sprachgestus realisiert wird. Es ist diese Verbindung von Anregung durch literarische Vorlagen und eigenem Ausdruckswillen, die die Leistung imitativen Schreibens ausmacht und es von einer Musterpoetik abgrenzt.

Wenn man im Unterricht nach der Textproduktion einzelne Schülergedichte mit dem Ausgangstext vergleicht, kann man feststellen, dass den Schülerinnen und Schülern das (für den Erwerb von Textanalysekompetenz wichtige) Erkennen und Benennen von Gemeinsamkeiten und Unterschieden ausgesprochen schwerfällt. Darin zeigt sich, dass sie beim Schreiben intuitiv etwas realisiert haben, was ihnen nur teilweise bewusst ist. In der kognitiven Lernpsychologie spricht man heute von unbewusstem und bewusstem Wissen; ein Unterricht, der in der hier vorgestellten Weise imitierendes Schreiben anregt, nutzt die Möglichkeiten der Vermittlung unbewussten Wissens als Grundlage, auf der dann auch das bewusste Wissen aufgebaut werden kann.

Die Imitation ist – auch dies sei hier festgehalten – nicht auf formale Aspekte beschränkt. Die Verwendung von prädikatlosen Sätzen zum Beispiel mag als rein grammatisches Phänomen erscheinen; aber es stellt auch ein Modell der Weltbetrachtung dar: Nicht nur was geschieht, ist der Beachtung wert, sondern auch die reine Wahrnehmung. Das ist für Sechstklässler, die noch stark im handlungsbezogenen literarischen Verstehen und Welterleben verwurzelt sind, eine für ihr Alter wichtige Entwicklungsaufgabe. Kreatives Schreiben zu literarischen Texten ist also nicht nur als Baustein für die Entwicklung von Schreibfähigkeit und literarischer Kompetenz zu sehen, sondern auch als eine Möglichkeit, Wahrnehmungsweisen und Verstehen von Welt zu unterstützen. Bei erzählenden Texten wird das etwa darin deutlich, dass durch die Formulierung von inneren Monologen psychologisches Verstehen oder durch das Umschreiben eines älteren Textes in einen gegenwärtigen Kontext das Bewusstsein für sozialgeschichtliche Unterschiede geschärft werden kann.

3 Zusammenfassung der Zielsetzungen

Kreatives Schreiben zu literarischen Texten dient, wie die Begründungszusammenhänge gezeigt haben, einem komplexen didaktischen Zielgefüge. Es soll

- einen intensiven Kontakt zwischen Schüler bzw. Schülerin und Text herstellen (dazu vor allem Haas 1997, S. 22),
- die für literarisches Lesen unverzichtbare Vorstellungsbildung anregen (dazu vor allem Abraham 1999 b),
- die empathiefördernde Wirkung literarischer Lektüre und die Fähigkeit zur differenzierten Perspektivenübernahme zur Entfaltung bringen (dazu zum Beispiel Spinner 2001, S. 126 ff.),
- ein intensiveres Verstehen von literarischen Texten anregen (vgl. Zabka 1995),
- mit formalen Strukturen von Dichtung vertraut machen (besonders deutlich zum Beispiel bei Waldmann 1988),
- stilistische Fähigkeiten im Schreiben schulen (zum Beispiel Paefgen 1991).

4 Typologie der Verfahren und ihre Leistung

Die Möglichkeiten des kreativen Schreibens zu literarischen Texten sind ausgesprochen vielfältig. Mit der folgenden Zusammenstellung werden die Haupttypen charakterisiert (ausführlicher Kellner 1999, S. 16–85) und im Hinblick auf die Zielsetzungen begründet. Ihr Einsatz in der Praxis ist jeweils abzustimmen auf die Zielsetzungen und den Bezugstext. Ein allzu sorgloses und beliebiges Anwenden kreativer Verfahren, das in den letzten Jahren oft zu beobachten gewesen ist, hat den Ansatz zum Teil in Misskredit gebracht.

Antizipierendes Schreiben

Das Antizipieren ist ein gängiges Verfahren im Unterrichtsgespräch über literarische Texte. Man tauscht ausgehend von Titelbild oder Klappentext Erwartungen zum Text aus, man überlegt sich am Ende eines Kapitels, wie die Geschichte weitergehen könnte, man erfindet beispielsweise einen Schluss. Das lässt sich alles auch schriftlich machen, mit dem Vorteil, dass dann expliziter auch die Antizipationen mit dem tatsächlichen Text verglichen werden können. Anspruchsvollere Formen des antizipierenden Schreibens ergeben sich, wenn zum Beispiel bei einem erzählenden Text zunächst nur die Schilderung des Schauplatzes in der Exposition oder bei einem Theaterstück nur die Szenenanweisung gelesen und dann eine mögliche, darauf bezogene Handlung ausgedacht wird. Verwandt damit ist das Entwerfen einer Handlung ausgehend von Figurenbeschreibungen zum Text. Auch das Schreiben eines eigenen Textes ausgehend vom Handlungskern, den die Lehrkraft zum literarischen Text formuliert hat, oder zu Stichwörtern, die zentrale Motive markieren, gehören zu den aufwändigeren antizipierenden Verfahren.

Das Antizipieren ist ein Grundelement des Lesens von Prosa und Dramen: Ohne Antizipieren wäre Literaturrezeption nicht spannend – die ständige Erwartungshaltung, wie es wohl weitergehen mag, gehört wesentlich zum Lesegenuss. Sie regt eine intensive emotionale, rationale und imaginative Verarbeitung des Gelesenen und Gesehenen an. Durch die Anregung zum Antizipieren kann im Unterricht also ein wesentlicher Beitrag zum aufmerksamen Lesen geleistet werden. Darüber hinaus schaffen Antizipationen Verknüpfungen zwischen der eigenen Erfahrungswelt und dem Text, sei es, dass Vertrautes wiedergefunden wird, sei es, dass die Fremdheit des Textes durch den Vergleich mit den Erwartungen ins Bewusstsein tritt. Das betrifft sowohl formale Gestaltungsmerkmale (jüngere Schüler würden zum Beispiel beim Zu-Ende-Schreiben einer Kurzgeschichte kaum ein offenes Ende formulieren) als auch Inhaltliches auf wörtlicher und übertragener Bedeutungsebene (zum Beispiel eine überraschende Wendung des Geschehens am Schluss).

Texterweiterungen

Vom Antizipieren unterscheiden sich Texterweiterungen dadurch, dass etwas ausformuliert wird, was im Text keine Entsprechung besitzt, aber als Zusatz denkbar wäre. Ein typisches Beispiel ist das Verfassen des inneren Monologes, den eine Figur an einer bestimmten Textstelle halten könnte. Damit kann eine intensive Vergegenwärtigung des psychischen Geschehens angeregt werden. Das Schreiben von Briefen und Tagebüchern, die Figuren verfasst haben könnten, sind ähnlich ausgerichtete Verfahren; dabei werden nichtliterarische Textmuster aufgegriffen (Brief und Tagebuch kennen Kinder und Jugendliche vom Alltag), die jedoch in diesem Zusammenhang nun fiktionalisiert werden (wie das zum Beispiel auch beim Briefroman der Fall ist). Mehr handlungsbezogen ist das Entwerfen eines Figurendialoges oder die Ausgestaltung einer im Originaltext nur raffend erzählten Szene. Auch genauere Schilderungen von nur skizzenhaft dargestellten Schauplätzen können eingefügt werden.

Texterweiterungen dienen in erster Linie einer inhaltlichen Vertiefung der Lektüre; sie können aber auch mit stilanalytischer und -bildender Zielsetzung verbunden werden, wenn der Schülertext sprachlich an den Ausgangstext angepasst sein soll.

Eine besondere Form stellt die verfremdende Texterweiterung dar, bei der gezielt abweichende Textteile eingefügt werden – zum Beispiel Hinweise auf die heutige Konsumwelt in ein Weihnachtsgedicht aus dem 19. Jahrhundert. Damit wird eine spielerische Form kritischen Lesens erreicht.

Analoges Schreiben

Von analogem Schreiben kann man sprechen, wenn nach dem Vorbild eines literarischen Textes ein eigener Text geschrieben wird. Das oben ausgeführte Unterrichtsbeispiel zum Gedicht von Günter Eich gehört zu diesem Typ. Neben dem mehr intuitiv-imitativen Vorgehen ist auch das Schreiben im Anschluss an eine genauere Analyse des Ausgangstextes möglich. Analoges Schreiben ist meist gattungs-/genreorientiert: Man schreibt ein Märchen, eine Fabel, ein konkretes Lautgedicht und wird damit mit deren Merkmalen und Ausdrucksmöglichkeiten vertraut. Um eine vorwiegend stilistische Übung handelt es sich, wenn im Stil eines bestimmten Autors ein Text geschrieben werden soll.

Die Spannbreite analogen Schreibens reicht von einfachen Aufgaben für den Anfangsunterricht oder für Fremdsprachenlernende bis zur Erkundung und Aneignung anspruchsvoller stilistischer Möglichkeiten; auch das parodistische Schreiben ist hier anzusiedeln, zum Beispiel das Schreiben eines Trivialromans, was ein vergnügliches Durchschauen der Stereotype bewirkt (vgl. Waldmann 1980).

Verändern von Texten

Bei diesem Typ geht es darum, dass ein vorgegebener Text umformuliert wird. Berühmt sind die Stilübungen von Raymond Queneau (Queneau 1961), der die Schilderung einer alltäglichen Situation in über 90 Variationen transformiert hat. Ein solches Umformulieren ist intensive stilistische Arbeit, die zugleich vergnüglich sein kann. Da bei solchem Umschreiben zum Teil bestimmte Textsortenmuster umgesetzt werden, ergeben sich Überschneidungen mit dem analogen Schreiben.

Mehr inhaltlich orientiert ist die Arbeit, wenn ein Text in einen anderen Kontext umgesetzt wird, etwa ausgehend von der Frage, wie Emilia Galotti als heutige Frau sich am Ende des Dramas verhalten hätte oder wie eine heutige Margarete ihrem Liebhaber Faust die Schwangerschaft mitteilen würde.

Eine komplexe Aufgabe stellt das Umerzählen aus veränderter Perspektive dar. Das Geschehen wird in erzählenden Texten meist mehr oder weniger aus der Sicht des Protagonisten wiedergegeben; wenn Schülerinnen und Schüler einzelne Szenen aus der Perspektive einer anderen Figur nacherzählen, ergibt sich ein aspektreicherer Blick auf den Inhalt und zugleich wird das psychologische Verstehen geschult.

Wiederum etwas anders akzentuiert ist das Umschreiben unter Veränderung eines Handlungsmerkmals: Man nimmt zum Beispiel an, eine Figur hätte sich an einer bestimmten Textstelle anders entschieden oder sie hätte entdeckt, was ihr verschwiegen wird, oder sie hätte ihren Gegenspieler überraschend getroffen: Wie könnte nun die Geschichte weitergehen?

Diese verändernden Verfahren regen wie das Antizipieren intensive inhaltliche Vorstellungen an und können auch die reflexive Auseinandersetzung vertiefen, zum Beispiel wenn es um Szenen zu moralischen Entscheidungssituationen geht. Exakte Spracharbeit ist gefordert, wenn mit verschiedenen überlieferten Fassungen eines Textes in der Weise verfahren wird, dass die Schülerinnen und Schüler anhand einer früheren Fassung sich überlegen, was verbesserungswürdig sein könnte, und Formulierungsvorschläge machen. Es ist dann spannend zu sehen, ob der Autor in der gleichen Richtung Änderungen vorgenommen hat. Ein solches Vorgehen stellt einen Beitrag zum Überarbeiten von Texten dar, das im Rahmen der neuen prozessorientierten Schreibdidaktik wichtig geworden ist.

Freies Schreiben zu Textvorlagen

Bei den bislang genannten Typen ist jeweils eine bestimmte Zielrichtung vorgegeben (Erweitern, Imitieren, Verändern ...). Es gibt jedoch auch freiere Formen des kreativen Schreibens zu literarischen Texten. Das ist etwa dann der Fall, wenn zu einem bestimmten Thema – zum Beispiel Erinnerung an die Kindheit – Texte oder Textauszüge verschiedener Autoren gelesen werden und als Anregung für einen eigenen Text dienen. Den Schreibenden ist es dann freigestellt, in welchem Maße sie sich an ein Muster anlehnen oder ob sie einen ganz eigenen Stil verwirklichen wollen.

Auch ohne spezifische Aufträge und Themenbindung ergibt sich eine intensive Wechselbeziehung zwischen Lesen und

Schreiben, wenn in Vorlesesituationen Texte von Kindern bzw. Jugendlichen und Ausschnitte aus Büchern ohne weitere Didaktisierung vorgestellt werden. Welche Wirkungen dabei erzielt werden, hat vor allem Heide Bambach aufgrund ihrer Erfahrungen an der Bielefelder Laborschule gezeigt (zum Beispiel Bambach 1989).

5 Klassenarbeiten und Bewertungsproblematik

In welchem Maße kreatives Schreiben in die Leistungsbewertung eingehen soll, ist umstritten. Da seine Funktion vor allem in seinem experimentellen, heuristischen Charakter liegt, steht es in einem Spannungsverhältnis zur Möglichkeit von Bewertung. Nun sind allerdings auch andere Bereiche des Deutschunterrichts nicht problemlos in Bewertungsschemata einzupassen. Sollen also die zweifellos wichtigen Fähigkeiten, die im kreativen Schreiben zum Ausdruck kommen, in der Leistungsbeurteilung unberücksichtigt bleiben? Heute zeigt sich eine eindeutige Tendenz, kreatives Schreiben in die Benotung einzubeziehen, und zwar bis zum Abituraufsatz. In unteren Klassen ergibt sich dadurch keine grundsätzlich neue Situation, weil kreative, literarische Schreibformen wie die Fantasieerzählung hier seit langem gebräuchlich sind. In höheren Klassen ist die Einbeziehung kreativer Aufgaben in die Leistungsbewertung für viele Lehrkräfte ungewohnt. Oft werden deshalb kreative und analytische Aufgaben miteinander kombiniert. Das ermöglicht, dass man ggf. unterschiedlichen Fähigkeitsprofilen von Schülerinnen und Schülern gerecht werden kann; zum Teil bietet der analytische Teil auch Hinweise, welcher Stilwille hinter der kreativen Gestaltung steht. Das ist besonders dann der Fall, wenn eine analytische Auseinandersetzung mit dem eigenen Text verlangt wird.

Die folgende Zusammenstellung zeigt die wichtigsten Modelle, die heute in höheren Klassen praktiziert werden.

1. Interpretationsaufgabe – produktive Aufgabe: zum Beispiel *Beschreiben Sie den Konflikt … Verfassen Sie einen inneren Monolog …*
2. Interpretationsaufgabe – analytische Aufgabe – produktive Aufgabe: zum Beispiel *Charakterisieren Sie X (Figur) … Analysieren Sie die Redeweise von X in den Dialogen … Verfassen Sie einen Brief von X, der dessen Einschätzung …*
3. Produktive Aufgabe – Interpretationsaufgabe: zum Beispiel *Verfassen Sie eine Rollenbiografie von … Erläutern Sie die Personenkonstellation …*
4. Produktive Aufgabe – Vergleich Ausgangstext / selbstverfasster Text: zum Beispiel *Schreiben Sie ein Gedicht in Anlehnung an … Vergleichen Sie …*
5. Produktive Aufgabe – Reflexion der gestalterischen Entscheidungen: zum Beispiel *Erfinden Sie eine mögliche Fortsetzung … Erläutern Sie Ihre inhaltlichen und sprachlichen Gestaltungsabsichten …*
6. Analytische Aufgabe – Produktive Aufgabe – Reflexion oder Vergleich: zum Beispiel *Analysieren Sie das Gedicht … Schreiben Sie eine Schlussstrophe … Kommentieren Sie Ihre Strophe …*
7. Produktive Aufgabe – Reflexion oder Vergleich – Interpretationsfrage zum Ausgangstext: zum Beispiel *Erzählen Sie die Episode in Ich-Perspektive um … Vergleichen Sie die Leistungen der Erzählperspektiven … Interpretieren Sie die Erzählung unter besonderer Berücksichtigung von Titel und Schlusssatz …*
8. Produktive Aufgabe – Reflexion oder Vergleich – Kontextbezogene Aufgabe: zum Beispiel *Entwerfen Sie eine mögliche zusätzliche Szene … Begründen Sie … Ordnen Sie das Drama in sozialgeschichtliche Zusammenhänge ein …*

Es ist möglich, bei diesen Aufgaben die Reihenfolge auch den Schüler(inne)n zu überlassen: zum Beispiel Entscheiden Sie selbst, mit welchem Teil der Aufgabe Sie beginnen wollen.

Weiterführende Literatur

Brunner, Maria E.: Schreibgesten. Die Entdeckung des Schreibens als Akt des Schreibens. Schreibkompetenz durch Literaturunterricht. Neuried: Ars Una, 1997.

Merkelbach, Valentin (Hrsg.): Kreatives Schreiben. Braunschweig: Westermann, 1993.

Paefgen, Elisabeth K.: Schreiben und Lesen. Ästhetisches Arbeiten und literarisches Lernen. Opladen: Westdeutscher Verlag, 1996.

Waldmann, Günter / Bothe, Katrin: Erzählen. Eine Einführung in kreatives Schreiben und produktives Verstehen von traditionellen und modernen Erzählformen. Stuttgart [u. a.]: Klett, 1992.

Waldmann, Günter: Produktiver Umgang mit Literatur im Unterricht. Grundriß einer produktiven Hermeneutik. Theorie, Didaktik, Verfahren, Modelle. Baltmannsweiler: Schneider Hohengehren, 1998.

Werteorientierung im literarisch-ästhetischen Unterricht

Wenn in der gegenwärtigen bildungspolitischen Diskussion von der Notwendigkeit einer verstärkten Werteerziehung die Rede ist, denkt man in der Regel an ethisch-moralische Werte. Das Fach Deutsch mit seinem besonders ausgeprägten allgemein bildenden Anspruch ist für eine solche Aufgabe besonders gefragt. In ihm spielen allerdings – wie in Kunst und Musik auch – ästhetische Werte ebenfalls eine Rolle. In den folgenden Ausführungen gehe ich der Frage nach der moralisch-ethischen Bildung und ihrem Verhältnis zur Literatur als ästhetischem Phänomen nach.

Zentraler Bezugspunkt der folgenden Ausführungen ist der Ansatz von Lawrence Kohlberg, bei dem nicht die Vermittlung bestimmter Werte, sondern die Förderung der moralischen Urteilsfähigkeit im Zentrum steht. Dies geschieht bei ihm auf der Grundlage einer ethischen Orientierung, die in der Tradition der Aufklärung steht. Dieser kognitiv-rationale Ansatz von Kohlberg wird im Folgenden allerdings ergänzt durch emotionale, imaginative und tiefenpsychologische Aspekte der Moralentwicklung.

Erziehender Literaturunterricht

Werteorientierung ist für die Literaturdidaktik ein belasteter Begriff, denn er erinnert an eine unselige Tradition moralisch erziehenden Unterrichts, die bis heute nachwirkt. Viele Lehrerinnen und Lehrer sehen das Ziel einer Literaturstunde erreicht, wenn eine Aussage oder Lehre herausgearbeitet worden ist, z. B. »Der Dichter will uns zeigen, welche Auswirkungen

Mobbing und Gewalt haben können« oder »Dieses moderne Gedicht verdeutlicht die Zerstörung der Natur« oder »Die Geschichte beweist, dass man nicht in die Ferne schweifen muss, um sein Glück zu finden«. Solche Ergebnisse mögen moralisch durchaus korrekt sein und Schülerinnen und Schüler greifen sie willig auf. Aber sie trivialisieren die literarischen Texte und suggerieren, dass eine gute Lehre auch ein entsprechendes Verhalten nach sich ziehe. Meist kommt in solchen Unterrichtsstunden allerdings nichts anderes heraus als das, was die Kinder und Jugendlichen schon oft gehört haben; was sie lernen, ist vor allem die Fähigkeit, in der Schule das zu sagen, was die Erwachsenen gerne hören wollen.

Ein solcher Unterricht widerspricht grundlegenden Wirkungsweisen von Literatur. Sie entspringt oft gerade einem Ungenügen an herrschenden Wertorientierungen; wenn sie für die Vermittlung moralischer Lehrsätze funktionalisiert wird, verliert sie ihre ästhetische Irritationskraft und ihre Komplexität. »Rotkäppchen«, gelesen als Warngeschichte, dass man den Anweisungen der Mutter (Nicht vom Weg abgehen!) Folge leisten solle, unterschlägt z. B. die ebenfalls im Märchen enthaltene Botschaft, dass das Heraustreten aus der Behütung und die Begegnung mit der Gefahr zum Heranwachsen gehört.

Im Übrigen ist es auch keineswegs so, dass die Dichter und Künstler immer besonders vorbildliche Menschen gewesen wären, wie man das im Unterricht oft dargestellt hat. Manchmal hat die ästhetische Qualität der Werke gerade mit den problematischen Seiten ihrer Schöpfer zu tun; Caravaggios Gewalttätigkeit spiegelt sich in gewisser Weise in der harten Gestaltung seines Hell-Dunkel, Brentanos Haltlosigkeit findet man im verführerischen Klang seiner nicht enden wollenden Verse wieder.

Kohlberg und die Folgen

Neue Perspektiven für die moralische Bildung im Deutschunterricht hat seit den 1970er Jahren vor allem die Rezeption von Kohlbergs Theorie eröffnet (z. B. Kreft 1978, Spinner 1989). Seine Stufen der moralischen Entwicklung und seine Dilemma-Methode lieferten Argumente für Zielbestimmungen, Textauswahl und Unterrichtsmethoden. Kohlbergs Theorie lässt sich didaktisch gut umsetzen, weil sich Literatur immer wieder auf ungelöste Probleme menschlichen Lebens bezieht. Zwischenmenschliche Konflikte, schwierige Entscheidungssituationen, Schuld, Rache, Sühne, Vergebung sind Themen, die seit Jahrtausenden ihre Bearbeitung in Mythen, Erzählungen und Dramen gefunden haben. Sie lassen sich in vielen Fällen für den Unterricht wie Dilemmasituationen im Sinne Kohlbergs modellieren. Allerdings ist nicht gemeint, dass der Unterricht nun zu einem Training in moralischem Urteilen werden soll. Sinnvolle Vorgehensweisen reichen von einfachen Fragestellungen in der Art von »Wie würdest du dich jetzt verhalten, wenn du in der Situation von X wärest« über das Schreiben von Briefen an eine Figur bis zu Gerichtsverhandlungen als Planspiel, jeweils bezogen auf eine Entscheidungssituation oder die Beurteilung einer Verhaltensweise. Im Sinne des Ansatzes von Kohlberg geht es dabei nicht um die Erarbeitung einer bestimmten richtigen Lösung, sondern um die Förderung differenzierter Urteilsbildung. Es kommt weniger auf das Resultat (z. B. ob Wilhelm Tell als Mörder zu bezeichnen ist oder wer im *Woyzeck* Schuld am Tod Maries hat) als auf die Qualität der Argumentation an. Der Unterricht vermittelt also nicht präskriptiv bestimmte Werte und Normen.

Methodisch dominiert in einem Unterricht, der von Kohlbergs Konzeption ausgeht, das argumentierende Gespräch. Da in aufklärerischer Tradition moralische Werte und Normen auf

Aushandeln und Verständigung angewiesen sind, kann man von einem Angewiesensein der moralischen Kompetenz auf Kommunikationsfähigkeit sprechen. Das unterstützt die Auffassung, dass dem Deutschunterricht eine zentrale Funktion in der moralischen Bildung zukommt. Damit ist zugleich gesagt, dass das Gespräch im Sinne der kommunikativen Ethik (wie sie z. B. Jürgen Habermas und Karl-Otto Apel entwickelt haben) am Ideal des herrschaftsfreien Diskurses orientiert sein muss. Dafür sollte Literaturunterricht ein privilegierter Ort sein.

Es ist auch versucht worden, im Sinne der Kohlberg'schen Theorie curricular festzulegen, mit welchen Texten die Schülerinnen und Schüler einer bestimmten Altersstufe zu der nächsthöheren Stufe des moralischen Urteils gebracht werden können. Ein solches Vorgehen hat sich nicht bewährt, weil man nicht von einem einheitlichen Entwicklungsstand innerhalb einer Klasse ausgehen kann und weil neben dem Alter eine Reihe anderer Faktoren die Stufe, auf der argumentiert wird, mitbestimmen (z. B. eigene Betroffenheit).

Der Theorie von Kohlberg ist in manchem der Wertklärungsansatz verwandt; er hat in der literaturdidaktischen Diskussion keine große Rolle gespielt, obschon er sich gut mit dem Anspruch auf tendenziell herrschaftsfreie Auseinandersetzung verbinden lässt und er der von der rezeptionsästhetischen Theorie hervorgehobenen Offenheit literarischer Texte entgegenkommt. Annette Schilcher, die die ausführlichste jüngere Publikation zur Werteerziehung im Literaturunterricht vorgelegt hat, geht von einer Verbindung des Kohlbergschen Ansatzes mit der Wertklärung aus (Schilcher 2001).

Die Grenze von Kohlbergs Theorie und dem Wertklärungsansatz ist in der fast ausschließlich kognitiv-rationalen Ausrichtung zu sehen; die emotionalen Anteile moralischer Bildung finden kaum Berücksichtigung. Gerade sie aber spielen im Umgang mit literarischen Texten eine besonders große Rolle. Der Widerstreit zwischen Lust und Moral, das Leiden an Ungerechtigkeit, die Wut auf rücksichtslose Gegenspieler, die Sehnsucht nach einer friedlichen Welt sind wiederkehrende Themen in Dramen und Erzähltexten, die von den Leserinnen und Lesern emotional nachvollzogen werden. Für einen werteorientierten Unterricht ist dies insofern von Bedeutung, als moralische Bildung sich auch auf den Umgang mit den eigenen Gefühlen beziehen muss. Literatur bietet dafür nicht nur ein reiches Anschauungsmaterial, sondern spricht die Gefühlswelt der Leserinnen und Leser direkt an.

Allerdings tut sich hier ein Spannungsfeld auf, dessen Dramatik oft unterschätzt wird. Vom Kleinkindalter an ist moralische Erziehung mit vielen negativen Erfahrungen und Gefühlen verbunden. Welchen Belastungen Heranwachsende dadurch ausgesetzt sind, sollte man sich, wenn man pädagogisch über Werteerziehung nachdenkt, nachdrücklich ins Bewusstsein rufen. Die Qual des schlechten Gewissens in schlaflosen Nächten, das Minderwertigkeitsgefühl, weil man nicht so gut und brav ist, wie man sein sollte und möchte, die Aggressionen, die man auf das eigene Ich richtet, weil man sich selbst nicht mag – das sind quälende Erfahrungen, die fast allen Heranwachsenden bekannt sind. Moralische Normen sind, wie man ohne Übertreibung sagen darf, mit Gewalterfahrung verbunden, nämlich der Gewalt der Erziehungsinstanzen, die das nur bedürfnisorientierte Verhalten (z. B. die Lust zuzuschlagen) unterbinden. Das ergibt eine geradezu paradoxe psychische Konstellation: Wertevermittlung wird als Entwertung der eigenen Person erfahren. Deshalb ist eine Werteerziehung, die meint, es fehle den Heranwachsenden nur am Wissen um Werte, ziemlich wirkungslos. Moralisch problematisches Verhalten ist viel eher bedingt durch die Schwierigkeit, mit konfligierenden inneren Bedürfnissen und Normvorstellungen umzugehen.

Die Literatur als das wohl wichtigste Medium, das sich die Menschheit zur Ergründung innerer Welten geschaffen hat, greift solche psychischen Konflikte immer wieder auf. Sie bietet den Lesenden die Möglichkeit, in fiktionaler Gestaltung Probleme erfasst zu sehen, über die sich anders oft nur schwer reden lässt. Literarische Texte sind eher die Fürsprecher der Leidenden, der Zweifelnden, der Schwachen, der Sündigen als der Vertreter gesellschaftlich herrschender Moral. Mit den Begriffen der freudianischen Tiefenpsychologie kann man Literatur als einen Statthalter des Es in der Auseinandersetzung mit dem Über-Ich bezeichnen. Ihr Blick ins Innere der menschlichen Psyche ist oft ein Blick in Abgründe. Sich ihm zu stellen kann eine Leistung von Literatur sein – und eine Voraussetzung dafür, nicht Opfer eigener Verdrängungen und daraus entstehender Reaktionen zu werden.

Es ist also wichtig, dass der normenkritische, bedürfnisorientierte Aspekt von Literatur im Unterricht nicht neutralisiert wird; dass Literatur immer auch einen Teil Antipädagogik in den Unterricht bringt, ist pädagogische Herausforderung und Chance zugleich. Die Grenzen erzieherischer Instruktion, die im Umgang mit den Künsten sichtbar werden sollten, stellen an Schülerinnen und Schüler einen Anspruch an Mündigkeit (zu Antipädagogik und Moral im Literaturunterricht vgl. Jesch 1999).

Für die moralische Bildung besteht der Beitrag des Literaturunterrichts in solcher Sicht in der Entwicklung der Fähigkeit, mit der Widersprüchlichkeit der eigenen Psyche umzugehen und sich auch dem Verdrängten zu stellen, d.h. Wünsche, Sehnsüchte, Ängste, Leiden differenziert wahrzunehmen und die destruktiven, aggressiven und machthungrigen Anteile nicht zu negieren, sondern in die Selbstkonzeption zu integrieren. Auch die für Heranwachsende oft so schwere Einsicht, dass sich in der konkreten Umsetzung Werte, die man für unbestritten hält, gegenseitig einschränken, gehört zur moralischen Bildung. Die Wirklichkeit ist widersprüchlicher, als man es sich wünscht. Hartmut von Hentig hat dies prägnant formuliert: »Wahrheit, Gerechtigkeit, Frieden gehen eben nicht ineinander auf. Es ist selten liebevoll, die Wahrheit zu sagen, und Frieden können wir oft nur erreichen, wenn wir etwas Ungerechtigkeit hinzunehmen bereit sind.« (v. Hentig 1999, S. 72) Literarische Texte handeln immer wieder davon, wie Menschen mit solchen Widersprüchlichkeiten umgehen, wie sie daran scheitern, wie sie sich arrangieren, wie sie – oft um den Preis ihres Lebens – Lösungen suchen.

Empathie

Literatur ist nicht nur ein Medium der Selbsterkundung, sondern auch des Fremdverstehens. Lesend imaginiert man andere Umwelten, vollzieht Gefühle und Gedanken von Figuren nach und übersteigt so den eigenen Erfahrungshorizont. Manche Schranke, die das Handeln und Denken im Alltag bestimmt, ist im Akt des Lesens außer Kraft gesetzt, denn man lässt sich experimentierend auf imaginierte Situationen und Figuren ein, auf die man in der Wirklichkeit u.U. mit Abwehr reagieren würde. Andere Sichtweisen probeweise und sanktionsfrei durchzuspielen macht nicht nur einen Teil der Faszination von Lektüre aus, sondern hat auch eine sozialkognitive Bedeutung als Einübung in Perspektivenübernahme. Der Erziehungswissenschaftler und Literaturdidaktiker Volker Ladenthin hat in diesem Sinne Mitleiden und Empathie in der Tradition der Aufklärung, insbesondere Lessings, als zentrale Wirkungen von Literatur beschrieben und sieht darin die moralische Dimension des Literaturunterrichts: »Genau hier liegt die eigene Leistung der Kunst, der Literatur: Sie befähigt zum Mitleiden.« (Ladenthin 1989, S. 117) Die ethische Dimension ist bei einem solchen Verständnis also dem literarischen Verstehen inhärent, kein Gegensatz zum ästhetischen Charakter von Literatur und nichts ihrem Wesen Hinzugefügtes. Sich in Figuren hineinzudenken, ihre Gefühle nachzuvollziehen, mit ihnen Konflikte durchzustehen gehört zu den wesentlichen Antrieben des Lesens; gerade in einer Zivilisation, in der Individualismus als hoher Wert gilt, leistet literarische Bildung so einen Beitrag zu sozialer Kompetenz.

Für die Entwicklung von Empathie gilt in besonderem Maße, dass vorschnelles Urteilen hinderlich ist. Man kann sich der Innenwelt von Figuren gerade deshalb in der literarischen Imagination nähern, weil durch die Fiktion die Zwänge des Alltags, zu denen auch die Orientierung an Normen gehört, suspendiert sind. Diese besondere Leistung von Lektüre gilt es im Unterricht zur Entfaltung zu bringen. Sich probeweise auf – auch ungewohnte – Perspektiven einzulassen bietet Anstöße für vertiefte Reflexion, die dann die Chance differenzierterer moralischer Beurteilung eröffnet.

Ästhetische Bildung und Werteorientierung

In der jüngsten bildungspolitischen Diskussion wird ästhetische Bildung wieder verstärkt diskutiert und gefordert. Ästhetische Erfahrung zeichnet sich wesentlich dadurch aus, dass

Phänomene um ihrer selbst willen wahrgenommen werden. Das Genießen einer Landschaftsstimmung, das Betrachten eines Gemäldes, das Hören eines Musikstückes unterscheidet sich von zweckorientiertem Handeln wie dem Suchen der besten Fahrstrecke im Straßenatlas oder dem Anhören des Wetterberichts dadurch, dass Wahrnehmung und imaginative Vergegenwärtigung nicht funktionalisiert sind für einen pragmatischen Zweck. Dazu würde auch eine Inanspruchnahme für Wertevermittlung gehören.

Man kann jedoch die ästhetische Wahrnehmung selbst als Realisierung einer Wertehaltung betrachten: Dem ästhetisch Wahrnehmenden wird das Wahrgenommene wertvoll. Das gilt beim Umgang mit Literatur für die Texte als ästhetische Gebilde ebenso wie für die vermittelten Inhalte. Ein Gedicht, das einen beeindruckt hat, wird einem als literarisches Werk wertvoll. Aber es kann ebenso sein, dass die Schilderung eines Regentages einem die Augen öffnet für den Reiz einer alltäglichen Landschaftsstimmung, die man bislang nicht bewusst wahrgenommen bzw. nur als unangenehm empfunden hat. Durch solche Wirkung auf die Alltagswahrnehmung gewinnt das Ästhetische Bedeutung für eine ökologische Einstellung zur Umwelt.

Das Ästhetische spielt auch eine Rolle, wo es in der Literatur um die dunklen Seiten des Lebens geht. Die Darstellung von Leid wirkt dem Verdrängen und der Abwehr entgegen; deshalb kann sie dazu beitragen, dass man eigene Traurigkeit – z. B. nach dem Scheitern einer Liebe oder bei einem Todesfall – akzeptiert und in sein Erleben integriert. Die Leseforschung hat gezeigt, welche große Bedeutung literarischen Texten in diesem Sinne bei Krisenerfahrungen von Menschen zukommen kann. Der alte Begriff der Katharsis gewinnt in diesem Zusammenhang Bedeutung.

Zur literarästhetischen Erfahrung gehören auch die Bilder

des Gutseins und das Glücksgefühl, wenn der Held über seinen bösen Gegenspieler triumphiert. Das Gute ist also nicht notwendigerweise Gegenbegriff zur Bedürfnisbefriedigung: Es gibt die Sehnsucht nach einer besseren Welt, nach Gerechtigkeit, nach eigener moralischer Auszeichnung, und Literatur gestaltet auch solche Wunschbilder. Sie können Heranwachsende darin unterstützen, moralische Orientierung zu finden – allerdings unter der Voraussetzung, dass diese Wunsch- und Vorbilder pädagogisch nicht zur Herabsetzung missbraucht werden im Sinne von: Da siehst du, wie gleichgültig, feige, böse du im Vergleich bist.

Selbstwertgefühl spielt im Umgang mit Literatur noch in einem weiteren Sinne eine Rolle. Zum ästhetischen Erleben gehört nicht nur, dass das Wahrgenommene als Wert angenommen wird, vielmehr schließt es ein, dass sich der Wahrnehmende selbst als jemand erfährt, der solcher Erfahrung wert ist bzw. wert sein darf. Wer ästhetisch genießt, tut dies für sich selbst und nicht für jemand oder etwas anderes. Ästhetischer Unterricht soll den Schülerinnen und Schülern deshalb vermitteln, dass sie selbst mit ihren Imaginationen und ihren Wahrnehmungen wichtig sind.

Methodische Konsequenzen für den Unterricht

Die Auffassungen über moralische Bildung und Werteorientierung haben Konsequenzen für den methodischen Umgang mit Literatur. Hier seien dazu einige Hinweise gegeben:

- Zunächst einmal spielt die Textauswahl eine Rolle. Es gibt in der Erwachsenen-, Jugend- und Kinderliteratur eine Fülle von Texten, in denen Schülerinnen und Schüler eigene Konflikte wiedererkennen und neue Perspektiven nachvollziehen können. Grundsätzlich sind Geschichten, die mehrere thematische Schwerpunkte entfalten (z. B. Verfolgung von Minderheiten, Liebesgeschichte, Entwicklung eines Heranwachsenden, Auseinandersetzung mit Erwachsenen …) ertragreicher als solche, die nur auf ein Problem fokussiert sind; da tritt leicht die Reaktion auf »Man merkt die Absicht und ist verstimmt«! Der Überdruss vieler Schülerinnen und Schüler in Bezug auf das Thema Nationalsozialismus ist u. a. in solch einseitiger Ausrichtung begründet.

- Manchmal ist es wirkungsvoll, wenn ein Text nur vorgelesen wird – über das, was einen stark bewegt, mag man manchmal überhaupt nicht reden. Aber man ist in der Vorlesesituation mit seinen Empfindungen und Gedanken doch nicht allein, sondern aufgehoben in der Gruppe der Hörenden. Das kann für die Verarbeitung intensiver Eindrücke hilfreich sein.
- Bei der Arbeit an den Texten sollen eigene Assoziationen und gedankliche Weiterentwicklungen ebenso Raum haben wie genaue Textwahrnehmung. Im Wechselspiel zwischen dem Sich-Einlassen auf den Text und subjektiver Verarbeitung entfalten sich am ehesten intensive Erkenntnisprozesse. Die Verwicklung der Schülerinnen und Schüler in inhaltliche Auseinandersetzung ist für die moralische Bildung wichtiger als die Arbeit an Textmerkmalen und das Herausarbeiten einer abschließenden Interpretation. Provokante Thesen können ggf. eine Diskussion anstoßen (»Faust – ein rücksichtsloser Mörder«).
- Schriftliche Produktionsaufgaben können die Arbeit intensivieren. Im Hinblick auf die Entwicklung von Empathie ist insbesondere das Verfassen von inneren Monologen hilfreich: Die Schülerinnen und Schüler überlegen sich zu einer Textstelle, bei der eine Figur in einer Entscheidungssituation steht, welche Gedanken ihr durch den Kopf gehen könnten, und schreiben diese auf. Das Verfassen von Briefen oder Ta-

gebüchern, die Figuren geschrieben haben könnten, hat eine ähnliche Funktion. Mehr auf die Klärung eigener Auffassung ist die Aufgabe ausgerichtet, einen Brief an eine Figur zu schreiben und darin zu deren Verhalten Stellung zu nehmen oder Ratschläge zu geben.

- Mit den Mitteln der szenischen Interpretation können äußere und innere Konfliktsituationen besonders anschaulich bearbeitet werden. Das Nachspielen einer Situation aus dem Text ist das bekannteste Verfahren. Durch Unterbrechung und die Frage, was eine Figur in diesem Augenblick gedacht haben mag, kann das Verhältnis von inneren Beweggründen und Empfindungen zur äußeren sichtbaren Handlung thematisiert werden. Bei Entscheidungssituationen können sich auch zwei Alter-Egos hinter eine dargestellte Figur stellen; das eine Alter-Ego nennt Argumente für die eine Handlungsalternative, das andere Alter-Ego für die andere Handlungsalternative. Entsprechende Argumente können ggf. schriftlich vorbereitet und dann vorgelesen werden, u. U. so, dass mehrere Schülerinnen und Schüler jeweils nacheinander ein Argument nennen. Aufwändiger ist es, wenn eine Gerichtsverhandlung über eine Figur gespielt wird.
- Vor allem in höheren Klassen ist es sinnvoll, zentrale ethische Fragen unserer Zivilisation auch historisch zu beleuchten; die folgenden Begriffspaare benennen entsprechende Problemhorizonte, die in Geistes- und Kulturgeschichte eine wichtige Rolle gespielt haben und auch für heutiges Weltverständnis wichtig sind: Vernunft und Gefühl; Natur und Zivilisation; Recht und Gerechtigkeit. Mit diesen Begriffen sind grundlegende ethische Fragestellungen verbunden. In der jüngsten bildungspolitischen Diskussion werden solche Bildungsinhalte zugunsten von Standards, die am Nützlichkeitsdenken ausgerichtet sind, leider vernachlässigt.
- Im Gespräch über literarische Texte kann eine grundsätzlich

kommunikationsethische Haltung zum Ausdruck kommen. Sie besteht darin, dass die subjektiven Reaktionen auf Texte und Probleme ernst genommen, d. h. nicht vorschnell abgewehrt werden, auch wenn sie zunächst nicht einleuchten. Lehrerinnen und Lehrer sollen nicht eigene Auffassungen durchsetzen wollen, aber auch nicht Stellungnahme verweigern, wenn sie gewünscht wird. Dabei müssen Schülerinnen und Schüler allerdings das Vertrauen haben, dass sie nicht nachbeten müssen, was die Lehrkraft selber denkt. Nur so ist Erziehung zu eigener Verantwortlichkeit möglich.

Veranschaulichung an einem Beispiel

Um zu veranschaulichen, wie in der Praxis ein Unterricht aussehen kann, der dem Anspruch an sinnvolle Werteerziehung gerecht werden kann, gehe ich im Folgenden auf die Behandlung eines Kinder-/Jugendbuches in einer 6. Gymnasialklasse ein.

Der Roman *Norbert Nobody oder Das Versprechen* von Nicky Singer (deutsche Ausgabe München 2002) handelt, wie der Titel andeutet, von einem Jungen, der sich als Versager empfindet. Durch ein Schulprojekt in einem Altenheim macht er die Bekanntschaft mit der todkranken Edith Sorrel. Diese bittet ihn, ihr einen Mantel aus Vogelfedern zu nähen, was Robert (so heißt Norbert eigentlich) verspricht. In einem Wettlauf gegen den Tod von Edith Sorrel und gegen mancherlei innere und äußere Widerstände verfertigt Robert den Federmantel, der zwar Edith nicht das Leben rettet, aber ihr vor dem Tod die Befreiung von einem (ungerechtfertigten) Schuldgefühl ermöglicht – sie hatte sich die Schuld am Tod ihres Kindes zugeschrieben.

Norbert selbst findet durch Edith Sorrel zu Selbstbewusstsein. »Sie ist – war – der erste Mensch, der mich glauben ließ, dass ich, wenn ich etwas will, es auch erreichen kann«, sagt Robert nach ihrem Tod.

Die moralische Dimension ist im Roman nicht nur mit der (vermeintlichen) Schuld von Edith Sorrel ein zentrales Thema. Sie spielt in zwei weiteren Handlungszusammenhängen eine Rolle: Norbert wird von Niker, dem Anführer der Klasse, schikaniert; die Auseinandersetzung eskaliert bis zu heftiger körperlicher Gewalt. Weil Niker ihm den fast fertigen Federmantel entreißen will, beginnt Robert, der sonst nur die Opferrolle innehatte, eine Schlägerei, in der er Niker krankenhausreif prügelt. Gewalt gehört so zu den wichtigen Themen des Buches. Als moralisches Problem ist ferner interessant, dass Robert mehrfach gegen die Anordnung der Erwachsenen handelt, um den Federmantel fertigzustellen und den Kontakt zu Edith Sorrel zu halten. Gegen das Verbot der Heimleiterin schleicht er sich z. B. in ihr Zimmer, trotz Hausarrest verlässt er sein Zuhause. Dabei hat er jeweils ausdrücklich versprochen, sich an die Anweisungen zu halten. Er missachtet also nicht nur Gebote und Verbote, sondern ist auch unehrlich, weil er nicht hält, was er versprochen hat – allerdings um ein Versprechen einzuhalten, das ihm wichtiger ist; das Versprechen gegenüber Edith Sorrel, ihr den Federmantel zu nähen und zu bringen, ist ihm die Lügen und den Vertrauensbruch wert. Dies ist eine Konstellation im Roman, die ziemlich genau einer Dilemmasituation nach Kohlberg entspricht.

Bei der Behandlung des Romans in einer 6. Gymnasialklasse wurde u. a. der Auftrag erteilt, einen Brief an Robert zu schreiben, und zwar bezogen auf die Situation gegen Ende des Romans, wo Robert Hausarrest hat. Die Schülerinnen und Schüler sollten Robert beraten, wie er sich verhalten solle. Die folgenden drei Briefe zeigen, zu welchen Lösungen es bei einer solchen Aufgabe kommt. Das erste Beispiel ist von einem

Schüler verfasst, die beiden weiteren stammen von Schülerinnen. Die Texte sind unkorrigiert.

Hi, Robert! Ich würde den Federmantel fertig nähen und ihn dann Mrs Sorrel bringen, weil du es ihr ja versprochen hast. Ernest hast du ja auch versprochen immer nach ihr zu schauen, und zwei Versprechen sind mehr als das eine das du deiner Mutter gegeben hast, du weist schon welches, nämlich das, das du nicht aus dem Haus gehen darfst. Das Schulverbot ist ja nicht so schlimm. Ich, wenn an deiner Stelle wäre, täte dann wenn deine Mutter Nachtschicht hat zum Altersheim gehen und mich dann mit Catherins Nummer hineinschleichen und den Federmantel Mrs Sorrel in ihrem Zimmer ubergeben. Du must aber aufpassen, das dich deinen Mutter, die Heimleiterin oder sonstwer nicht entdeckt, sonst bis du aufgeschmissen, klar?

Aber du must auch aufpassen, das du nicht zu spät kommst, nicht das sie schon tot ist wenn du ankommst.

Das Problem wie du zum »gemeinsamen Teiler« kommst lösen wir hoffentlich auch.

Eine Möglichkeit wäre das du an deine Mutter so lange hinlaberst, bis sie ja sagt: das klappt aber nicht immer.

Die zweite wäre, das du dich ganz brav verhältst, damit sie es dir erlaubt.

Die dritte ist, wenn deine Mutter zu einen Notfall müsste konntest du hingehen, wenn es die Schule erlaubt.

Aber ich denke wenn du schon brav bist redet deine Mutter mit dem Schuldirektor, und der erlaubt es dir dann vielleicht.

Schreib mir nach dem Ereignis ob es geklappt oder nicht geklappt hat. OK?

Dein bester
Freund
****

Lieber Robert,
dass ausgerechnet du Niker zusammengeschlagen hast, kann ich nicht glauben. Klar verdient hat er es aber um ehrlich zu sein, hätte ich dir das nie zugetraut. Naja, aber des mit den ganzen Versprechen. Da hast du dich in ein echtes Dilemma hineingeritten! 3 Versprechen, gut das eine kannst du dank Kate halten, aber selbst wenn der Federmantel fertig ist, wie willst du ihn Mrs Sorrel bringen, wenn du Hausarrest hat, hm? Außerdem dein Versprechen das du Ernest gegeben hast, was wird jetzt daraus? Ich habe die ganze Zeit überlegt, wie ich dir helfen könnte. Doch leider sit mir nichts passendes eingefallen. Es ist einfach zu verzwickt. Meinst du wirklich, dass der Federmantel Edith Sorrel's leben rettet? Ich glaube es nicht, denn es ist Lungenkrebs.

Warte, mir fällt gerade etwas ein. Kate hilft dir doch! Wenn du den Federmantel fertig hast, kannst du doch einen Brief für Edith schreiben und ihr darin erklären warum Kate, und nicht du, gekommen ist. Somit hast du ihr den Federmantel gebracht, und das Versprechen deiner Mum gegenüber gehalten. Und wenn Edith vertrauen zu Kate gewinnt, und du ihr immer einen Brief mitgibst, dann hast du das Versprechen, das du Ernest gegeben hast auch noch so halber gehalten.

Denk mal darüber nach!

Würde mich über eine baldige Antwort freuen.

Deine Freundin

****

P. S. Halt den Kopf hoch!!!!

Lieber Robert,

Ich schreibe dir diesen Brief, weil ich dir einen Rat geben will.

Ich weiß wie schwer es für dich in dieser Situation ist, die richtige Entscheidung zu treffen. Deshalb möchte ich dir helfen.

Auf der einen Seite ist, die alte, kranke Edith Sorrel deren Leben du vielleicht mit einem Federmantel retten kannst, aber nicht mehr viel Zeit hast. Ihrem Mann hast du versprochen nicht lange mit dem Wiederkommen ins Altenheim zu warten. Auf der anderen Seite, deine besorgte Mum, der du versprochen hast, nicht das Haus zu verlassen, in die Nähe der Schule zu kommen und ins Altenheim zu gehen, da du vom Unterricht ausgeschlossen wirst, weil du Niker zusammengeschlagen hast.

Es war keine leichte Entscheidung für mich, aber es ist bestimmt auch keine leichte Entscheidung für dich. An deiner Stelle würde ich ins Altenheim zu Mrs Sorrel gehen, weil das Leben einer alten Frau zu retten viel wichtiger ist, als auf irgendwelche Regeln der Schule oder deiner Mum zu hören. Außerdem hast du Ernest zuerst ein Versprechen gegeben. Geh ins Altenheim zu Edith, bevor es zu spät ist, denn ich glaube nicht, dass du verrückt bist, wie es vielleicht andere glauben. Ich glaube fest daran, dass du ihr mit dem Federmantel helfen kannst.

Deine ****

Es ist nicht untypisch für das Alter der Schülerinnen und Schüler, dass sie z. T. sehr pragmatisch überlegen, wie Robert aus der verzwickten Situation herauskommen kann. Argumente wie die, welches Versprechen er zuerst gegeben hat oder dass Norbert das Versprechen noch so »halber« halten könne, wirken fast wie eine Verrechnung moralischer Aspekte. Man sollte das allerdings nicht zu negativ sehen: Moralisches Verhalten im Alltag ist durchaus auch auf kluges Abwägen und Finden von Auswegen angewiesen. Taktik und Moral sind nicht in jedem Falle Gegensätze. Auf prinzipiellerer Ebene wird allerdings geurteilt, wenn im dritten Beispiel das Leben einer alten Frau dem Einhalten von Regeln gegenübergestellt wird.

Das Schreiben solcher Texte ist didaktisch auch ohne weitere Besprechung sinnvoll, weil es zu einem genauen Nachdenken über die Situation Roberts und das damit verbundene moralische Dilemma anhält. Man kann aber auch einzelne Beispiele im Unterricht für eine gemeinsame Diskussion vorlesen lassen; dabei soll es nicht darum gehen, festzulegen, wer mit seinem Brief Recht hat. Der Meinungsaustausch und die weitere Vertiefung von Argumenten sollen im Vordergrund stehen.

In einer früheren Phase bei der Besprechung des Romans ergab sich übrigens noch eine Unterrichtssituation, die ein Grundproblem des werteorientierten Unterrichts deutlich macht. Es ging um das Kapitel im Buch, in dem von einer massiven Belästigung, ja Erniedrigung Roberts durch Niker erzählt wird: Niker bewirft Robert aus dem Hinterhalt mit faulen Äpfeln, ein anderes Mal mit Hundekot, so dass Hemdkragen und Haare verschmutzt sind. In der Pause ruft Niker Robert dann zu: »Hat dir schon mal jemand gesagt, dass du stinkst?« Die Textstelle dürfte bei vielen Lesern Betroffenheit hervorrufen – die Reaktion einiger Jungen in der Klasse war allerdings eine andere; sie fanden Niker cool, und dies, obschon der Text eindeutig aus der Perspektive des Opfers Robert erzählt ist. Als Lehrerin oder Lehrer möchte man mit moralischer Entrüstung auf solche Auffassungen reagieren. Allerdings ist eine bloße Zurückweisung noch nicht unbedingt eine pädagogisch sinnvolle Lösung. Die Schüler lernen dann u. U. vor allem, dass man gewisse Empfindungen im Unterricht besser nicht äußert. Statt nur zu erfahren, dass man das Verhalten von Niker verurteilenswürdig finden muss, wäre die Einsicht wichtiger, dass es im menschlichen Zusammenleben verschiedene Perspektiven gibt. Über andere Macht auszuüben kann Lust bereiten und sogar Bewunderung und Anhängerschaft bewirken. Dass es dies gibt und dass man (Buben wohl eher als Mädchen) solche Gefühle in sich selbst findet, sollte nicht einfach verdrängt und abgewehrt werden. Aber zu erwerben ist die Fähigkeit, sich auch die Erlebensperspektive der anderen Seite, hier des Opfers, zu vergegenwärtigen. Nicht Zurückweisung des »Der ist aber cool« wäre in diesem Sinne angebracht, sondern ein ergänzendes Nachdenken über das Opfer (und, soweit möglich, auch ein empathisches Mitfühlen). Daran kann sich dann auch ein Gespräch darüber anschließen, ob Coolness nur auf Kosten anderer realisierbar ist.

Dieses Beispiel einer überraschend eingetretenen Unterrichtssituation mag verdeutlichen, dass werteorientierter Unterricht in dem hier entwickelten Sinne nicht nur auf der Ebene der Stoffauswahl, der Aufgabenstellungen und der Arbeitsziele verwirklicht wird, sondern dass insbesondere die einzelnen Reaktionen der Lehrkraft auf Schüleräußerungen entscheidend sind.

Zum Schluss: Ein Blick auf die Medienerziehung

Die hier entwickelten Überlegungen zum Literaturunterricht gelten auch für die Filmerziehung, die immer mehr als wichtige Aufgabe des Deutschunterrichts betrachtet wird. Filme laden wie die Literatur zum Mitvollzug von Erlebensperspektiven ein, schärfen den Blick für das Interaktionsgeschehen zwischen Menschen und regen das Nachdenken über Konfliktsituationen an. Damit diese Leistungen des Films als Kunst zum Tragen kommen, bedarf es allerdings eines aufmerksamen Sehens und Hörens, das es zu fördern gilt. Insbesondere die Fähigkeit, von Äußerem auf Inneres zu schließen, z. B. von Mimik und Gestik auf psychische Reaktionen, spielt hier eine hervorgehobene Rolle. Dass Gewalt faszinieren, Aggression befriedigen und Rache süß sein kann, gehört zu den Filmerfahrungen, die eine besondere pädagogische Herausforderung darstellen: Statt im Sinne eines moralisierenden Unterrichts nur zu verurteilen, kommt es darauf an, das moralisch Fragwürdige unvoreingenommen wahrzunehmen und in den kommunikativen Austausch darüber einzutreten. In ihm ist die Chance einer moralischen Perspektive gegeben, mit der Lust, Faszination durch Gewalt und Ichbezogenheit in ein Verhältnis zu ethischen Fragestellungen gebracht werden können.

Literatur

Hentig, Hartmut von: Ach, die Werte! Ein öffentliches Bewußtsein vor zwiespältigen Aufgaben. Über eine Erziehung für das 21. Jahrhundert. München/Wien: Hanser, 1999.

Jesch, Tatjana: Kindliche Literaturbetrachtung. Moralismus und Perspektiven der Emanzipation, in: Neuß, Norbert (Hrsg.): Ästhetik der Kinder. Interdisziplinäre Beiträge zur ästhetischen Erfahrung von Kindern. Frankfurt a. M.: Gemeinschaftswerk der Evang. Publizistik, 1999. S. 115–131.

Kreft, Jürgen: Der Literaturunterricht und die moralische Entwicklung der Schüler. In: Westermanns Pädagogische Beiträge 30 (1978) H. 12. S. 498–502.

Küchler-Sakellariou, Petra: Wertorientierung im Literaturunterricht. In: Cornelia Rosebrock / Martin Fix (Hrsg.): Tumulte. Deutschdidaktik zwischen den Stühlen. Baltmannsweiler: Schneider Hohengehren, 2001. S. 126–141.

Ladenthin, Volker: Erziehung durch Literatur? Zur moralischen Dimension des Literaturunterrichts. Essen: Die Blaue Eule, 1989.

Ladenthin, Volker: Schöne Literatur und moralische Erziehung. Ein Versuch über Gegensätze. In: Aloysius Regenbrecht / Karl Gerhard Pöppel (Hrsg.): Moralische Erziehung im Fachunterricht. Tl. 2. Münster: Aschendorff, 1990. (Münstersche Gespräche zu Themen der Wissenschaftlichen Pädagogik. 7.) S. 26–36.

Schilcher, Anita: Geschlechtsrollen, Familie, Freundschaft und Liebe in der Kinderliteratur der 90er Jahre. Studien zum Verhältnis von Normativität und Normalität im Kinderbuch und zur Methodik der Werteerziehung, Frankfurt a. M. [u. a.]: Lang, 2001.
Spinner, Kaspar H.: Literaturunterricht und moralische Entwicklung. In: Praxis Deutsch 16 (1989) H. 95. S. 13–19.

Von der Filmerfahrung zur literarischen Textanalyse

Film im Deutschunterricht hieß lange Zeit: Besprechung einer Literaturverfilmung im Anschluss an die Textlektüre. Meist führte dies dann dazu, dass Grenzen der filmischen Umsetzung aufgezeigt wurden und damit der literarische Text als differenzierter, mehrschichtiger, stärker die Vorstellungskraft anregend herausgestellt wurde. Inzwischen jedoch hat der Film im Unterricht seinen Platz als eigenständiges Medium und vollgültiges ästhetisches Phänomen gefunden. Auf methodischer Ebene erscheint die Filmanalyse und -interpretation allerdings immer noch als sekundär, abgeleitet von den Lernprozessen im Umgang mit Texten und aufbauend auf sie. Durch die neuerdings gängig gewordene Auffassung der Lesekompetenz als Schlüssel für die Medienkompetenz wird eine solche Vorgehensweise bestärkt.

Dieser sekundäre Zugang zum audiovisuellen Medium ist historisch gut begründet: Der Film ist das jüngere Medium und ist auch von Anfang an stark von der Literatur beeinflusst gewesen. Ein Zitat, das exemplarisch für viele andere stehen kann, zeigt, wie filmwissenschaftliche Untersuchungen auf der Literaturwissenschaft aufbauen:

> Der Film greift also auf literarische Muster zurück; er modifiziert sie zwar, damit sie seinen technischen Anforderungen und Möglichkeiten entsprechen, gleichwohl lassen sie sich zuweilen bis in die Literatur vor der Erfindung des Films zurückverfolgen […]
>
> (Hurst 1996, S. 87).

Wesentlich seltener werden in der Fachdiskussion filmwissenschaftliche Begriffe für die literarische Analyse verwendet;

ein Beispiel ist der Begriff *Camera Eye* für eine unpersönliche, auf äußere Wahrnehmung reduzierte Darstellungsweise (z. B. Stanzel 1979, S. 293 ff.), die insbesondere im Roman des 20. Jahrhunderts anzutreffen ist. Auch die Rede von *filmischer Schreibweise*, die bei moderner Literatur festgestellt wird (z. B. in Bezug auf Döblins *Berlin Alexanderplatz*) kann hier genannt werden. Insgesamt herrscht jedoch die Blickrichtung von der Literatur auf den Film vor.

Lesen als Kino im Kopf

Aber wie sieht das Verhältnis von Film und Buch in der Perspektive der jungen Generation heute aus? Viele Kinder haben, wenn sie in die Schule kommen, wesentlich mehr Erfahrung mit Film und Fernsehen als mit (geschriebener bzw. vorgelesener) Literatur. Wäre es nicht sinnvoll, die audiovisuelle Sozialisation der Kinder für die literarische Analyse und Interpretation fruchtbar zu machen, statt immer nur umgekehrt die Literaturanalyse unabhängig vom Film einzuführen? In diesem Sinne hat Jutta Wermke programmatisch und mit Hinweisen auf den Unterricht gefordert, dass die Vertrautheit mit den Medien zur Annäherung an die Literatur zu nutzen sei (vgl. Wermke 1997, S. 111). In der didaktischen Literatur und in der Unterrichtspraxis findet man diesen Weg noch selten. Eine der wenigen Anregungen zu einem solchen Vorgehen findet sich im Band *Erzählen* von Waldmann/Bothe (1992, S. 96 ff.), wo zur Erarbeitung von Möglichkeiten der Erzählperspektive Analogien zur Kameraeinstellung hergestellt werden. In einem jüngeren Beitrag haben Ute Frey und Karin Richter konkret gezeigt, wie das Vorwissen, das Kinder durch ihre Erfahrungen mit Filmen und Fernsehsendungen erworben haben, für den Umgang mit Printmedien fruchtbar gemacht werden kann; in einem 4. Schuljahr haben sie bei der Beschäftigung mit einer Literaturverfilmung zuerst den Film und dann den Text besprochen und einen Vergleich angestellt mit dem umgekehrten Vorgehen, das sie in einer anderen Klasse praktiziert haben (vgl. Frey/Richter 2001).

Die Redewendung *Lesen ist wie Kino im Kopf* weist den Weg: Filmerfahrung kann als Vergleichsfolie Erkenntnisse über die Struktur von Texten und Leseprozessen erleichtern. Im Sinne von Jutta Wermke soll hier ein solcher Weg vom Film zum Text bei der Entwicklung literarischer Analysefähigkeit erläutert werden. Dabei beschränke ich mich im Wesentlichen auf narrative Strukturen. Gedacht ist an den Unterricht von der Grundschule bis zur gymnasialen Oberstufe. Ich beginne mit zwei grundlegenden Unterrichtsinhalten im Umgang mit Texten und Medien und gehe dann auf einzelne Analyseaspekte ein.

Funktionale Analyse

Schülerinnen und Schüler tun sich, wie man bei textanalytischen Aufgaben im Unterricht immer wieder feststellen kann, schwer damit, die Funktionalität literarischer Mittel zu erkennen. Beobachtungen zu rhetorischen Mitteln bleiben für sie schulischer Selbstzweck, losgelöst von der eigenen literarischen Erfahrung. Die Hoffnung der Lehrerinnen und Lehrer, dass durch genaue Beobachtung und Anwendung eines Analyseninstrumentariums eine Einsicht in das ästhetische Zusammenspiel von Inhalt und Form entsteht, bleibt insbesondere bei Schülerinnen und Schülern, die wenig Leseerfahrungen haben, oft ein frommer didaktischer Wunsch. Bei Filmen ist die emotionale Ansprechbarkeit bei vielen Kindern und Jugendlichen größer und es ist für sie auch leichter nachvollziehbar, inwiefern z. B. die Lichtregie, die Musik und die Schnitttechnik zum Spannungserleben beitragen. Deshalb ist es sinnvoll, mit dem Film zu beginnen, wenn man den Blick für funktionale Analyse vermitteln will; dabei kann man von der Wirkung einer ausgewählten Filmsequenz ausgehen, verbunden mit der Frage, wie es Regisseur und Kameramann gemacht haben, dass eine solche Wirkung entsteht. Ein analysierender Zugang zu literarischen Texten fällt dann anschließend leichter.

Imagination

Zu den Problemen der Textanalyse im Unterricht gehört auch, dass oft allzu schnell die imaginative Vergegenwärtigung des Textes übersprungen wird. Mehr als der Film fordert der Text dem Leser ab, dass er selbstständig innere Vorstellungsbilder entwickelt – bei mediensozialisierten Kindern und Jugendlichen keine Selbstverständlichkeit mehr. Es wird deshalb zunehmend wichtig, den imaginativen Prozessen im Unterricht besondere Aufmerksamkeit zu schenken. Dabei kann die Metapher vom Lesen als Film im Kopf hilfreich sein: Man versucht sich vorzustellen, wie eine bestimmte Stelle in einem Buch als Filmszene gestaltet sein könnte: Was sehe ich, wie ist die Beleuchtung, was sagen die Gesichter der Figuren, was hört man usw. Schülerinnen und Schüler können so ihre Filmerfahrung für die literarische Vorstellungsbildung nutzbar machen.

Personenbeschreibung

In ähnlicher Weise kann Filmerfahrung eine Hilfe für die Personenbeschreibung bzw. Figurencharakterisierung sein, die zu den Standardaufgaben im Literaturunterricht gehört. Die

Schwierigkeit der traditionellen Figurencharakteristik besteht darin, dass Schülerinnen und Schüler oft nicht so recht wissen, ob denn nun einfach wiederzugeben sei, was im Text explizit über eine Figur gesagt wird, oder ob eine Interpretationsleistung gefordert sei. Bei der Beschreibung von Figuren eines Filmes ist die Aufgabenstellung insofern nachvollziehbarer, als eine audiovisuelle Vorgabe Ausgangspunkt für eine Realisierung in einem anderen Medium, nämlich der Schrift, ist. Es ist also von vornherein gar nicht möglich, einfach Sätze aus der Vorlage zu übernehmen.

Unklar ist den Schülerinnen und Schülern oft auch, was denn überhaupt die Funktion einer Personenbeschreibung sei. Grundsätzlich kann man sagen, dass Beschreibungen in literarischen Texten dazu dienen, dass sich der Leser einen Schauplatz, einen Gegenstand, eine Figur vorstellen kann. Im Unterricht kann nun die Einbeziehung von Filmerfahrung bei der Erarbeitung der literarischen Figurencharakteristik in doppelter Weise hilfreich sein, und zwar mit Hilfe des Auftrages, zu einer literarischen Figur eine Charakteristik für eine mögliche Verfilmung zu verfassen. Damit ist ein funktionaler Kontext angesprochen: Es geht darum, die Figur so zu beschreiben, dass ein Regisseur Anhaltspunkte hat, was für ein Schauspieler gesucht werden muss und wie die Rolle zu gestalten ist. Vor dem Hintergrund ihrer Filmerfahrung können Schülerinnen und Schüler überlegen, welche Informationen in einem solchen Zusammenhang angebracht sind, also z. B. äußeres Aussehen, bevorzugte Kleidung, Art der Bewegungen, typische Mimik, Sprechweise u. a. Primär geht es bei einer solchen Einbettung um äußere Charakterisierung.

Eine andere mögliche Verknüpfung ergibt sich, wenn zuerst Figurencharakterisierungen zu einem Film geschrieben werden. Für viele Schülerinnen und Schüler ist die Beschreibung von visuell Sichtbarem einfacher als die Beschreibung von literarisch Vermitteltem. Der Normalfall von Beschreibungen im Alltag bezieht sich ja auch auf Sichtbares, z. B. die Beschreibung eines entlaufenen Hundes oder einer Sehenswürdigkeit, die man im Urlaub gesehen und die einen beeindruckt hat. Nach der Einführung der Figurencharakteristik anhand eines Filmes kann dann zum Beschreiben literarischer Figuren fortgeschritten werden, z. B. mit der Hilfsvorstellung, man möge eine Figur so beschreiben, wie man sie sehen würde, wenn man sich die Geschichte wie einen Film vorstellen würde.

Erzähler

Die Frage nach dem Erzähler – einer wichtigen Kategorie in der Erzählanalyse – fällt Schülerinnen und Schülern nicht leicht. Bei Filmen, in denen ein Erzähler aus dem Off spricht (*voice-over*), ist schon für Kinder augenfällig, dass hier nicht eine Figur spricht, sondern ein (auktorialer) Erzähler und dass dieser auch nicht der Regisseur oder Drehbuchautor ist (vgl. Frey/Richter 2001, S. 127). Ausgehend von solchen Beobachtungen ist dann auch bei der Analyse literarischer Texte die Unterscheidung zwischen Autor und Leser und zwischen Erzähler- und Figurenrede besser nachzuvollziehen.

Mit der Überlegung, ob (bei einem Film, der diese Möglichkeit nutzt) der Sprecher der Off-Stimme selbst in der Handlung vorkommt (z. B. weil der Film etwas erzählt, was der Sprecher früher erlebt hat) oder an der Handlung nicht beteiligt ist, kann zusätzlich in die Unterscheidung von Er-Erzähler und Ich-Erzähler eingeführt werden.

Point of view / Perspektive

Der wohl interessanteste Analyseaspekt bei der vergleichenden Arbeit mit Film und Text ist die Frage des Point of view bzw. der Erzählsituation und -perspektive. Mit der Erkenntnis, dass ein narrativer Text perspektivisch gestaltet ist, tun sich Schülerinnen und Schüler oft schwer. Beim Film sind Fragen des *point of view*, der Einstellungsgrößen (von Welt bis Detail) und -perspektive (Frosch-, Vogel-, Normalperspektive bzw. Unter-, Ober-, Normalsicht) offensichtlicher, weil sie an der Kamera konkret festzumachen sind. Es spricht einiges dafür, Perspektivenprobleme im Unterricht zunächst anhand eines Filmes zu erarbeiten und dann die Brücke zur Literatur zu schlagen. Dabei wird man Parallelen zwischen Film und Erzähltext herausstellen, dann aber auch auf Besonderheiten der filmischen und literarischen Gestaltungsmöglichkeiten eingehen. Die Frage nach dem Standort des Erzählers (olympische Position, begrenzter Blick u. ä.) lässt sich gut in Verbindung mit den filmischen Möglichkeiten der Kameraperspektive einschließlich subjektiver Kamera und Mindscreen, der Innensicht vermittelt, verdeutlichen. Dabei wird man erarbeiten, dass die Literatur mehr Möglichkeiten der Innensicht und der personalen, am Erleben einer bestimmten Figur ausgerichteten Darstellung besitzt als der Film. Andererseits spielen beim Film Mimik und Gestik als Ausdruck innerer Befindlichkeit eine größere Rolle und stellen auch einen besonderen Anspruch an die Interpretationsleistung des Betrachters. Der Begriff der Reflektorfigur, der in einigen Erzähltheorien verwendet wird, eignet sich im Übrigen besonders gut, um Parallelen der perspektivischen Gestaltung in Film und Literatur aufzuzeigen, weil mit ihm gerade auch die Spiegelung des Geschehens in Mimik und Gestik erfasst werden kann. Sehr anschaulich kann man Schülerinnen und Schülern ferner die Beweglichkeit der perspektivischen Gestaltung klarmachen; so wie die Kamera oft in kurzem Wechsel von Vogelschau bis zur Nahaufnahme zoomt oder von distanzierter Außenperspektive zu subjektiver Kamera wechselt, ist im Erzähltext die Perspektive variabel.

Zeit

Auch der Aspekt der zeitlichen Gestaltung lässt sich am Film einleuchtender erarbeiten als am literarischen Text. Der Film geht normalerweise zeitdeckend vor. Er kennt aber auch Zeitlupe und Zeitraffer; sie sind augenfälliger als zeitdehnendes und zeitraffendes Erzählen in Texten und können deshalb Bezugspunkt für die literarische Analyse sein. Die Erkenntnis, dass auch durch Schnitttechnik Zeitraffung hergestellt wird, kann den Blick dafür schärfen, dass der literarische Text ebenfalls immer wieder raffend von einer Szene zur anderen springt. Mit Rückblende, Vorgriff, Parallelmontage oder den Begriffen der kontinuierlichen bzw. diskontinuierlichen Darstellungsweise stehen weitere Kategorien zur Verfügung, die anhand von Filmen erarbeitet und auf Erzähltexte übertragen werden können. Zeitaspekte eignen sich übrigens auch gut für produktive Aufgaben: Wenn man eine zeitdeckende Filmsequenz zeitdehnend oder zeitraffend nacherzählt, kann die Leistung dieser Darstellungsweisen erprobend untersucht werden.

Raum

Jüngere Leserinnen und Leser tun sich oft schwer mit beschreibenden Passagen in erzählenden Texten. Manche entwickeln sogar eine gekonnte Technik des Überspringens entsprechender Stellen. Aufgrund der simultanen visuellen Darstellung braucht der Film weniger Zeit für die Präsentation von Schauplätzen und wirkt auf manche Rezipienten intensiver, weil unmittelbarer eine bestimmte Stimmung vermittelt wird, oft unterstützt durch die Filmmusik. Deshalb empfiehlt es sich, ausgehend vom Film ein Interesse für das genauere Nachdenken über Raumdarstellungen zu wecken. Je nach Film kann man mit sehr allgemeinen Kategorien wie Innenraum/Außenraum, umbauter Raum/ländliche Natur, unten/oben arbeiten oder mehr detailorientiert Räume untersuchen unter Einbeziehung von Requisiten u. Ä. Für die Interpretation ist die Frage, inwiefern Raumdarstellungen Spiegel innerer Befindlichkeit einer Figur sind oder ob sie antizipierenden Charakter haben, besonders interessant. Ferner ist die Untersuchung der Raumbindung und Raumüberschreitung von Figuren aufschlussreich: Welche Figur wechselt in welche Räume, was bedeutet dies für den Handlungsverlauf und für die innere Entwicklung?

Symbolisches Verstehen

Gerade an Raumdarstellungen lässt sich besonders gut verdeutlichen, dass in Film und Literatur das Dargestellte seine Funktion wesentlich durch zeichenhafte Bezüge gewinnt, eben z. B. eine bestimmte Wohnungseinrichtung als charakterisierender Hinweis auf die darin wohnende Person. Die größte Rolle spielt das symbolische Deuten beim Film wohl bei der Mimik, die innere Befindlichkeiten zum Ausdruck bringt. Das symbolische Verstehen als wesentliche Voraussetzung ästhetischer Bildung kann an solchen markanten filmischen Phänomenen, die Schülern und Schülerinnen vertraut sind, bewusstgemacht werden. Die vielfältigen Deutungen, die ein Filmrezipient realisiert, erfolgen allerdings meist automatisiert, also unterhalb der Bewusstseinsschwelle; das hat u.a. zu der verbreiteten, aber irrigen Annahme geführt, beim Film sei der Rezipient nur passiver Konsument und nicht mitschaffend an der Sinnbildung beteiligt. Es gilt also, in der Arbeit mit dem Film die ablaufenden Deutungsprozesse bewusstzumachen, zu vertiefen und auszuweiten. Einfache Übungen wie der Vergleich des Gesichts einer Filmfigur vor und nach einem einschneidenden Handlungsschritt, eventuell verbunden mit der produktiven Aufgabe, je einen inneren Monolog zu verfassen, können hier wirkungsvoll sein. Verdeutlicht werden kann anhand des Filmes auch, dass symbolische Deutungen nicht kontextlos erfolgen dürfen; ein kleiner, dunkler Raum kann Geborgenheit und Intimität ausdrücken oder – je nach Zusammenhang – ein Gefühl von Unfreiheit, Beengung u. Ä. Während beim Lesen solche symbolischen Bezüge von manchen Schülerinnen und Schülern nicht einmal unbewusst hergestellt werden, kann bei der Arbeit an Filmen eher auf entsprechende Prozesse in der Rezeption zurückgegriffen werden. Damit wird für die Schülerinnen und Schüler erkennbar, dass symbolisches Verstehen nicht etwas ist, was nachträglich an den Film herangetragen wird, sondern von der Bewusstmachung ablaufender Prozesse ausgeht. Wenn im Anschluss daran dann auch entsprechend mit literarischen Texten gearbeitet wird, dürfte den Schülerinnen und Schülern die symbolische Interpretation weniger aufgesetzt erscheinen, als das für sie im Deutschunterricht oft der Fall ist.

Figurenkonstellation

Schließlich lässt sich auch die für erzählende Texte ergiebige Kategorie der Figurenkonstellation ausgehend von Filmen erarbeiten. Dafür können ggf. auch Grundbegriffe der strukturalistischen Erzählanalyse wie Held, Gegenspieler, Helfer u.a., die in vielen Filmen sehr klar umgesetzt sind, verwendet werden. Auch die Konfiguration, d.h. die Stellung von Figuren innerhalb einer bestimmten Szene, lässt sich insofern an Filmsequenzen sehr anschaulich zeigen, als allein schon die sichtbare räumliche Positionierung der Figuren aussagekräftig ist für ihre wechselseitigen Beziehungen. Die Arbeit mit Standbildern (stehenden Bildern) zu Texten kann dann eine Fortführung der Beschäftigung mit Konfigurationen sein.

Schluss: Vom Film zum Text – der sinnvollere Weg?

Der Weg von der Filmerfahrung zur Textanalyse, wie ich ihn hier ausgeführt habe, soll vor allem ein Anknüpfen an die Rezeptionsgewohnheiten der Kinder und Jugendlichen ermöglichen. Nicht gemeint ist, dass erst ein umfassendes filmanalytisches Instrumentarium erarbeitet sein muss, bevor man Texte analysiert. Es geht mehr darum, immer wieder Bezüge zwischen den Medien herzustellen.

Als Beispiel sei das Beschreiben einer unheimlichen Situation kurz skizziert; als Schreibaufgabe kann dies Thema im Rahmen der Phantasieerzählung sein, z.B. im 5. Schuljahr. Einführend untersucht man an einer Filmsequenz, die eine entsprechende Situation zeigt (in Krimis wird man schnell fündig), wie der Regisseur und der Kameramann es zuwege gebracht haben, dass die Szene auf uns unheimlich wirkt. Dann stellt man zu einer inhaltlich ähnlichen Passage in einem Erzähltext die gleiche Frage, und schließlich verfassen die Schülerinnen und Schüler selbst eine solche Szene. So verbinden sich Film- und Textuntersuchung mit eigener produktiver Gestaltung.

Zu berücksichtigen ist bei der Unterrichtsplanung natürlich

auch, dass die Schülerinnen und Schüler sehr unterschiedliche Vorerfahrungen haben. Je nachdem, ob sie viel oder wenig lesen, ob ihnen viel oder wenig vorgelesen worden ist, ob sie Sprechkassetten und Hörbücher hören oder vorwiegend audiovisuell geprägt sind, haben sie andere Voraussetzungen für den Literaturunterricht. Schon aus diesem Grund gibt es kein Patentrezept für die Frage, welches der richtige Weg zur Textanalyse sei. Dass über Wege nachgedacht werden muss, zeigt die Tatsache, dass das Analysieren von Texten immer noch für viele Schülerinnen und Schüler ausgesprochen demotivierend ist und dass der Ertrag des Analyseunterrichts in der Regel eher bescheiden ausfällt.

Anmerkung

Wesentliche Anregungen zu diesem Beitrag habe ich durch Willi Wamser gewonnen, in dessen Unterricht ich mit meinen Studierenden im Praktikum immer wieder ein filmorientiertes Vorgehen kennengelernt habe.

Literaturverzeichnis

Bach, Michaela: Erzählperspektive im Film. Eine erzähltheoretische Untersuchung mithilfe exemplarischer Filmanalysen. Essen: Item, 1997.

Frey, Ute / Richter, Karin: Didaktik der Kinder- und Jugendliteratur, Leseförderung in der »Mediengesellschaft« und Entwicklung von Medienkompetenz. In: Hans-Heino Ewers [u. a.] (Hrsg.): Kinder- und Jugendliteraturforschung 2000/2001. Mit einer Gesamtbibliographie der Veröffentlichungen des Jahres 2000. Stuttgart: Metzler, 2001. S. 116–131.

Hickethier, Knut: Film- und Fernsehanalyse. Stuttgart/Weimar: Metzler, [3]2001.

Hildebrand, Jens: Film: Ratgeber für Lehrer. Köln: Aulis-Verlag Deubner, 2001.

Hurst, Matthias: Erzählsituationen in Literatur und Film. Ein Modell zur vergleichenden Analyse von literarischen Texten und filmischen Adaptionen. Tübingen: Niemeyer, 1996. (Medien in Forschung + Unterricht. Serie A. 40.)

Kanzog, Klaus: Einführung in die Filmphilologie. München: Schaudig, Bauer, Ledig, 1991. (Diskurs Film. 4.)

Korte, Helmut: Einführung in die Systematische Filmanalyse. Ein Arbeitsbuch. Berlin: Erich Schmidt, [2]2001.

Landesinstitut für Schule und Weiterbildung (Hrsg.): Film als Gegenstand fachübergreifenden und fächerverbindenden Arbeitens in der gymnasialen Oberstufe. Beiträge der Fächer des Aufgabenfeldes I – Deutsch, Kunst, Literatur, Musik. Soest: LSW, 2000.

Stanzel, Franz K.: Theorie des Erzählens. Göttingen: Vandenhoeck und Ruprecht, 1979.

Waldmann, Günter / Bothe, Katrin: Erzählen. Eine Einführung in kreatives Schreiben und produktives Verstehen von traditionellen und modernen Erzählformen. Stuttgart [u. a.]: Klett, 1992. (Deutsch im Gespräch.)

Wermke, Jutta: Integrierte Medienerziehung im Fachunterricht. Schwerpunkt: Deutsch. München: kopaed, 1997.

Ästhetische Bildung und Literaturunterricht

Der Titel »Literarästhetische Rezeptionskompetenzen definieren«, mit dem der erste Teil der vorliegenden Publikation überschrieben ist,[1] kennzeichnet ein Feld der deutschdidaktischen Fachdiskussion, das in den vergangenen Jahren breit diskutiert und erforscht wird. Dabei kann der Begriff der »literarästhetischen Rezeptionskompetenzen« enger oder weiter gefasst werden. Das engere Begriffsverständnis bezieht sich auf die Kompetenzen, die für das Verstehen literarischer Texte charakteristisch sind und die sich damit abgrenzen lassen von der grundlegenden Lesekompetenz – wobei diese auch beim Verstehen schriftlicher poetischer Texte vorausgesetzt ist. Im Sinne dieser engeren Definition literarästhetischer Rezeptionskompetenz habe ich in einem Beitrag von 2006 elf Aspekte oder Teilkompetenzen literarischen Lernens zusammengestellt (Spinner 2006 [in diesem Band: S. 9–37]). Nun erschöpft sich Literaturunterricht allerdings nicht in der Vermittlung literarischen Lernens in diesem engeren Sinn. Das wird heute in der Kompetenzdiskussion leicht vergessen, weil der Blick auf die domänenspezifischen Kompetenzen fixiert ist – das ist z. B. bei den Bildungsstandards ausgeprägt der Fall. Lernprozesse, die durch die Beschäftigung mit literarischen Texten unterstützt werden und die zugleich über das Textverstehen hinausreichen, die also zu den literarästhetischen Rezeptionskompetenzen im weiteren Sinn gehören, wären u. a.

- Entwicklung moralischer Urteilsfähigkeit (vgl. Spinner 2006, 73 ff.),

1 Der vorliegende Aufsatz ist der erste in dem so überschriebenen Teil des Sammelbandes *Poesie verstehen – Literatur unterrichten.*

- Verständnis für psychologische Prozesse (vgl. Bieri 2007),
- allgemeines Weltwissen (vgl. Abraham/Launer 2002).

Solche Zieldimensionen sind in der Literaturdidaktik als »Erziehung durch Literatur« im Gegensatz zu »Erziehung zur Literatur« bezeichnet worden (z. B. Kreft 1977, S. 262). Zu ihnen gehört auch die allgemeine ästhetische Bildung; welchen Beitrag der Literaturunterricht dazu leisten kann, soll in den folgenden Ausführungen erörtert werden. Dabei gehe ich, der Auffassung der ästhetischen Theorie seit Alexander Gottlieb Baumgarten entsprechend (vgl. Seel 2000, S. 16 f.), davon aus, dass ästhetische Wahrnehmung nicht nur die Rezeption künstlerischer Werke charakterisiert, sondern auch in alltäglichen Situationen stattfinden kann. Ästhetische Bildung hat deshalb die Offenheit für ästhetische Erfahrung im Alltag und in den Künsten zum Ziel. Dieses Bildungsziel ist durchaus seit Langem in unseren Schulen lebendig; angesichts der pragmatischen, auf Lebensbewältigung zielenden Tendenzen im heutigen Bildungsgeschehen droht es allerdings in den Hintergrund zu rücken. Eine genauere Klärung, welchen Beitrag der Literaturunterricht zu einem solchen Bildungsziel beitragen kann, erscheint mir deshalb angebracht.

Ich stelle im Folgenden zehn Grundkategorien ästhetischer Bildung zusammen und gebe Hinweise, wie sie im Literaturunterricht berücksichtigt werden können. Das poetische Verstehen und damit die Teilkompetenzen literarischen Lernens sind dabei die Grundlage, auf der ästhetische Bildung im Literaturunterricht angestrebt werden kann. Die folgenden zehn Kategorien stehen deshalb in enger Verbindung zu den Aspekten des literarischen Lernens, aber sie erweitern den Zielhorizont:

1. Sinnliche Wahrnehmung und Synästhesie
2. Blick für Detail und Komposition
3. Ästhetische Zeit-Erfahrung
4. Atmosphärisches Erleben
5. Imagination
6. Begriffliches und begriffloses Verstehen
7. Symbolisches und parabolisches Verstehen
8. Differenzerfahrung (Alterität, Verfremdung)
9. Reflektierte Subjektivität
10. Unabschließbarkeit der Sinnbildung

Wenn man die Zusammenstellung zum literarischen Lernen mit diesen Grundkategorien ästhetischer Bildung vergleicht, findet man direkte Parallelen wie »Sich auf die Unabschließbarkeit des Sinnbildungsprozesses einlassen« bzw. »Unabschließbarkeit der Sinnbildung« (in den beiden Zusammenstellungen), verwandte Kategorisierungen, z. B. »Beim Lesen und Hören Vorstellungen entwickeln« bzw. »Imagination«, und auch Kategorien, die bei den Aspekten des literarischen Lernens nicht genannt sind, z. B. »Atmosphärisches Erleben«, ein Aspekt, der in Literaturwissenschaft und -didaktik noch kaum eingeführt ist, aber in der neueren Ästhetik eine Rolle spielt.

1 Sinnliche Wahrnehmung und Synästhesie

Zur Veranschaulichung und Erläuterung der ersten Kategorie gehe ich von einem Ausschnitt aus einem Text von Robert Walser aus:

> [...] Wohin man schaut, ist alles schneeweiß; wohin du blickst, ist alles schneeweiß. Und still ist es, warm ist es, weich ist es, sauber ist es. Sich im Schnee schmutzig zu ma-

chen, dürfte sicher ziemlich schwer, wenn nicht überhaupt unmöglich sein. [...] Das Schneien hat alles Geräusch, allen Lärm, alle Töne und Schälle eingeschneit. Man hört nur die Stille, die Lautlosigkeit, und die tönt wahrhaftig nicht laut. Und warm ist es in all dem dichten weichen Schnee, so warm wie in einem heimeligen Wohnzimmer, wo friedfertige Menschen zu irgendeinem feinen lieben Vergnügen versammelt sind. Und rund ist es, alles ist rundherum wie abgerundet, abgeglättet. [...] Wo du gehst, trittst du nur auf Weiches, Weißes, und was du anrührst, ist sanft, naß und weich. [...]

(Walser 1985, S. 160 f.)

Walsers Text beschreibt – vielleicht sollte man besser sagen: evoziert – eine typisch ästhetische Wahrnehmung. Sie unterscheidet sich von einer Wahrnehmung, die im Dienste von Alltagsbewältigung funktionalisiert ist; um eine solche würde es sich z. B. handeln, wenn jemand am Morgen vor die Haustür tritt und auf den neu gefallenen Schnee so reagiert, dass er zur Schaufel fürs Schneeschippen greift oder daran denkt, dass er nun vorsichtig und möglichst etwas früher mit dem Auto zur Arbeit fahren sollte. Die ästhetische Wahrnehmung dagegen ist entfunktionalisiert, dafür aber richtet sie die Aufmerksamkeit des Wahrnehmenden auf das eigene Wahrnehmen und Empfinden (vgl. Dietrich [u. a.] 2012, S. 15): Walsers Text ist nicht nur Beschreibung des Schneiens, sondern spricht zugleich von den Empfindungen des wahrnehmenden Subjekts. Es sind sinnliche Wahrnehmungen, die vergegenwärtigt werden; das sind zunächst optische Wahrnehmungen (»schneeweiß«, »sauber«; »dichten«, »rund«), aber auch akustische (»still«, »Lautlosigkeit«, »alles Geräusch [...] eingeschneit«) und taktil körperliche (»warm«, »weich«, »was du anrührst, ist sanft, naß und weich«). Weil mehrere Sinnesorgane angesprochen sind, kann von einer synästhetischen Erfahrung gesprochen werden. Für solche Synästhesie eignen sich literarische Texte in besonderer Weise, weil sie die Imagination ansprechen; ein Gemälde dagegen ist auf das Sehen bezogen. Aber auch da können synästhetische Imaginationen wachgerufen werden, z. B. der Lärm, wenn eine Fabrikszene dargestellt ist, oder der Geschmack bei einem Früchtestillleben.

Literarische Texte wie der von Robert Walser können beim Rezipienten die Aufmerksamkeit für ästhetische Alltagswahrnehmungen unterstützen; die Künste haben im Verlauf der Kulturgeschichte in vielfältiger Weise Wahrnehmungsweisen, die weit in den Alltag hineinreichen, geprägt; ein interessantes und oft genanntes Beispiel ist die Entdeckung der Schönheit des Hochgebirges, die wesentlich durch bildende Kunst und Literatur angestoßen wurde. Wie sehr ein literarischer Text bis zur touristischen Vermarktung für die Ästhetisierung von Berglandschaft in Anspruch genommen wird, zeigt das »Heidi-Land« in der Ostschweiz, das immer mehr Touristen anzieht.

Im Unterricht, insbesondere in der Grundschule, wird der Umgang mit literarischen Texten oft mit alltagsästhetischen Erfahrungen der Kinder verbunden. Ein typisches Beispiel ist die Beschäftigung mit Jahreszeitengedichten. Winter, Frühling, Sommer und Herbst sind, vor allem in unseren geografischen Breiten, für die meisten Menschen immer neu Anlass für alltagsästhetische Erfahrungen, z. B. wenn im Frühling das erste Grün kommt, die Vögel zu singen beginnen, die Sonnenstrahlen wärmen, oder im Herbst, wenn das Laub sich verändert und der Morgennebel eine seltsame Stimmung erzeugt. Ästhetische Bildung in der Schule kann solche Erfahrungen unterstützen. Bei einem Text wie dem von Walser bietet sich z. B. an, dass die Schülerinnen und Schüler einen Bezug zu eigenen Wahrnehmungen herstellen; diese sind vielleicht ganz anders als im Walser-Text, haben mehr mit Kälte als mit Wärme (»warm ist es«, heißt es bei Walser) zu tun. Und vielleicht entdecken die Schülerinnen und Schüler auch, dass im zitierten Textausschnitt das Riechen fehlt. »Kann man Schnee auch riechen?« wäre eine Überlegung, die sich daran anschließen könnte.

Bei den zitierten Aspekten literarischen Lernens sind die sinnliche Wahrnehmung und Synästhesie nicht als eigene Aspekte angeführt: ich habe sie im entsprechenden Beitrag im Rahmen des Aspekts »Beim Lesen und Hören Vorstellungen entwickeln« erörtert, weil beim literarischen Lesen die sinnliche Wahrnehmung imaginiert werden muss. Im Rahmen der ästhetischen Bildung liegt das Augenmerk darauf, dass der Bezug zum Hören, Sehen, Riechen, Schmecken und taktilen Spüren in alltagsästhetischen Situationen betont wird.

2 Blick für Detail und Komposition

Die zweite Kategorie ästhetischer Bildung veranschauliche ich an zwei Ausschnitten aus Kleists *Michael Kohlhaas*. Sie handeln davon, wie Kohlhaas mit seinen Leuten in die Tronkenburg eindringt, um sich den Junker Wenzel zu holen:

> Er fiel auch mit diesem kleinen Haufen schon beim Einbruch der dritten Nacht, den Zollwärter und Torwächter, die im Gespräch unter dem Tor standen, niederreitend, in die Burg, und während, unter plötzlicher Aufprasselung aller Baracken im Schloßraum, die sie mit Feuer bewarfen, Herse über die Windeltreppe in den Turm der Vogtei eilte und den Schloßvogt und Verwalter, die, halb entkleidet, beim Spiel saßen, mit Hieben und Stichen überfiel, stürzte Kohlhaas zum Junker Wenzel ins Schloß.
>
> (Kleist 1979, S. 29)

Diese Stelle ist vor allem hinsichtlich der Syntax typisch für Kleists Stil. Für den Zusammenhang von Syntax und Inhalt fällt auf, dass von Kohlhaas in den beiden Hauptsätzen, von weiteren Figuren in den Nebensätzen die Rede ist. Kohlhaas hat nur eines im Sinn, nämlich den Junker zu finden. Entsprechend beginnt die Satzreihe mit »Er« (= Kohlhaas) und endet mit »zum Junker Wenzel ins Schloß«. Eine solche Beobachtung am gestalterischen Detail wird aussagekräftig, wenn man den Bezug zur ganzen Erzählung herstellt, nämlich zu Kohlhaasens geradezu sturer Einforderung seines Rechts, die er ohne Rücksicht auf Verluste vorantreibt. Die zitierte Stelle zeigt also in ihrer syntaktischen Gestaltung den von Kleist in der Novelle herausgearbeiteten Wesenszug von Kohlhaas. Für das Verstehen literarischer Texte ist ein solcher Zugang, bei dem auf die Gestaltung im Detail (Mikroebene) und auf den kompositorischen Zusammenhang (Makroebene) geachtet wird, eine wesentliche Voraussetzung – bei Sachtexten ist diese Art von textinternem Zusammenspiel weniger ausgeprägt; an seine Stelle tritt bei ihnen der direkte referenzielle Bezug auf die außertextliche Realität.

Eine ähnliche Darstellungsstruktur findet sich in Kleists Novelle nur wenige Sätze später:

> Inzwischen war, vom Feuer der Baracken ergriffen, nun schon das Schloß mit allen Seitengebäuden, starken Rauch gen Himmel qualmend, angegangen, und während Sternbald mit drei geschäftigen Knechten alles, was nicht niet- und nagelfest war, zusammenschleppten und zwischen den Pferden als gute Beute umstürzten, flogen unter dem Jubel Hersens aus den offenen Fenstern der Vogtei die Leichen des Schloßvogts und Verwalters mit Weib und Kindern herab. Kohlhaas, dem sich, als er die Treppe vom Schloß niederstieg, die alte, von der Gicht geplagte Haushälterin, die dem

> Junker die Wirtschaft führte, zu Füßen warf, fragte sie, indem er auf der Stufe stehenblieb: wo der Junker Wenzel von Tronka sei, und da sie ihm mit schwacher, zitternder Stimme zur Antwort gab: sie glaube, er habe sich in die Kapelle geflüchtet, so rief er zwei Knechte mit Fackeln, ließ in Ermangelung der Schlüssel den Eingang mit Brechstangen und Beilen eröffnen, kehrte Altäre und Bänke um und fand gleichwohl zu seinem grimmigen Schmerz den Junker nicht.
>
> (Kleist 1979, S. 29 f.)

Auch hier wird von Kleist inhaltlich und stilistisch die Fixierung von Kohlhaas, sich sein Recht zu verschaffen und sich an Wenzel von Tronka zu rächen, zum Ausdruck gebracht. Im Sinne des hermeneutischen Zirkels gewinnt die einzelne Stelle durch den Gesamtzusammenhang und dieser durch die Beachtung des Einzelnen an Bedeutung.

Dieser Blick fürs Einzelne und für die Komposition als ein Grundcharakteristikum literarischen Verstehens gilt auch für die anderen Künste. Ein Rot eines Hauses in einem expressionistischen Bild gewinnt seine Wirkung durch den Bezug auf die anderen Farben, während z. B. bei einer alltäglichen nicht ästhetischen Wegbeschreibung »Beim roten Haus musst du rechts gehen« das Zusammenspiel mit den Farben keine Bedeutung hat. In der Musik verweist schon der Begriff Komposition bzw. Komponieren auf den hier angesprochenen Aspekt des Ästhetischen. Entsprechendes gilt für alltagsästhetische Gestaltungen und Wahrnehmungen wie die Dekoration in einem Schaufenster oder bei einer festlichen Tafel oder bei der Auswahl von Tapete, Vorhängen und Teppich bei der Renovation einer Wohnung. Wenn im Literaturunterricht der Blick fürs Einzelne und für die Komposition in ihrer Wechselwirkung geschult wird, ist das ein Beitrag zu einem Aspekt allgemeiner ästhetischer Rezeptionsfähigkeit und Aufmerksamkeit.

Nun könnte man einwenden, dass der Blick für das Einzelne und dessen Einbettung in eine Gesamtkomposition keineswegs nur ästhetische Wahrnehmung und Interpretation charakterisiere. Wenn jemand z. B. eine Maschine konstruiere, komme es doch auch genau darauf an: Ein Einzelteil kann nur funktionieren, wenn es richtig in den Gesamtmechanismus eingefügt wird. Auf einen solchen Einwand kann geantwortet werden, dass ein Maschinenkonstrukteur in der Tat seine Arbeit ästhetisch erleben kann, nämlich dann (und nur dann), wenn das gelingende Zusammenfügen von Einzelteilen zu einem funktionierenden Ganzen mit Genuss verbunden ist. So kann auch ein Uhrmacher, der im Schweizer Jura eine Luxusuhr aus Hunderten von Einzelteilen zusammensetzt, dies als ästhetische Tätigkeit erfahren, Diese Unterscheidung zwischen ästhetischer und nur funktionaler Einstellung zu handwerklicher Tätigkeit macht, auf den Literaturunterricht übertragen, auf einen wichtigen Aspekt aufmerksam: Das analysierend-interpretierende Herstellen von Bezügen zwischen Mikro- und Makroebene eines Textes ist für sich genommen noch kein poetisches Verstehen; von diesem kann man erst sprechen, wenn der Blick fürs Einzelne und für die Komposition zu ästhetischem Genuss führt.

3 Ästhetische Zeit-Erfahrung

In mehrfacher Hinsicht ist ästhetisches Erleben mit veränderter Zeit-Erfahrung verbunden:

- Es lässt die alltägliche Zeitgebundenheit vergessen; beim Hören von Musik, beim Lesen eines Romans oder beim Anschauen eines Films wird diese Erfahrung immer wieder gemacht; so kommt es einem am Ende einer Lektüre, eines

Kinobesuchs oder eines Konzerts oft so vor, als trete man aus einer anderen Welt wieder in die Wirklichkeit mit ihrer geordneten Zeit ein.

- Ästhetisches Erleben ist ein Innehalten im alltäglichen Handeln und Verhalten. Wenn man z. B. bei einer Wanderung anhält und eine Blume am Wegrand oder eine ungewöhnliche Wolkenbildung am Himmel betrachtet, zeigt sich ein solches Innehalten ganz konkret im Alltag. Man realisiert einen »neue[n] Blick, in dem die Dinge aus der funktionalisierten Wahrnehmung alltäglicher Besorgungen herausgenommen sind« (Velthaus 2002, S. 52).
- In den Künsten wird die vergehende Zeit festgehalten. Ihre Werke überdauern Jahrhunderte und Jahrtausende. Die Rezipienten – Hörer, Leser, Betrachter – erfahren sich im ästhetischen Erleben eingebunden in einen zeitenüberdauernden Zusammenhang.

Unterricht in der Schule ist solcher Zeit-Erfahrung aufgrund der institutionellen Bedingungen eher entgegengesetzt, und zwar in doppelter Hinsicht:

- Die Beschäftigung mit literarischen Texten setzt in der Schule überwiegend auf distanzierende Analyse und Interpretation und nicht auf ein Sich-Verlieren in einer imaginären Welt.
- Unterricht unterliegt einer Zielorientierung, es geht um Arbeitsergebnisse, benotbare Leistung und Kompetenzerwerb. Dem widerspricht das ästhetische Zeiterleben, das sich in der Gegenwart selbst genügt.

Wenn die Schule dennoch dem Anspruch der ästhetischen Bildung gerecht werden will, muss es in ihr Situationen geben, in denen ästhetische Erfahrungen als verweilendes Genießen in der Gegenwart möglich werden. Sie sind in unseren Schulen durchaus zu finden: Wenn die Lehrerin und der Lehrer ohne Arbeitsaufträge aus literarischen Texten vorliest oder Gedichte vorträgt, wenn freie Lesestunden eingerichtet werden, wenn eine Theateraufführung besucht wird, dann sind das solche Situationen. Auch kreative Präsentationen von Schülerinnen und Schülern sind in diesem Zusammenhang zu nennen; zwar ist die Vorbereitung einer szenischen Lesung oder die Erarbeitung einer Theateraufführung durchaus mit zielorientierter Anstrengung und oft genug mit Zeitdruck verbunden, aber das Ergebnis kann als erfüllte Gegenwart erfahren werden. Der Philosoph Martin Seel nennt als »Grundzug aller ästhetischen Verhältnisse, dass wir uns in ihnen [...] *Zeit für den Augenblick* nehmen«; dies ermögliche den Menschen ein »Gespür für die Gegenwart ihres Lebens« (Seel 2000, S. 44 f.). Dies Schülerinnen und Schülern zu ermöglichen, gehört zur ästhetischen Bildung.

4 Atmosphärisches Erleben

Der Begriff der Atmosphäre hat erst in jüngerer Zeit Eingang in die ästhetische Theorie gefunden (vgl. Spinner 2011). Um nachzuvollziehen, wie Atmosphäre in einem solchen Zusammenhang zu verstehen ist, kann man bei der Alltagssprache anknüpfen. Man spricht zum Beispiel davon, dass eine Krypta eine meditative Atmosphäre ausstrahle oder dass ein Fest in toller Atmosphäre stattgefunden habe. Worin eine solche besondere Atmosphäre besteht, ist meist schwer auszumachen. Sind es Farben, Gerüche, Töne, Empfindungen auf der Haut? Oder ist es ein Gemisch von allem? Atmosphäre bezeichnet ästhetische Phänomene und Erfahrungen, die dem genauen Blick auf Detail und beschreibbare Komposition entgegengesetzt sind, die aber auch zum poetischen Verstehen gehören. Verwandt ist der Begriff der Atmosphäre mit dem in der Literaturwissenschaft geläufigen Begriff der Stimmung, er ist aber weniger subjektivistisch geprägt – man kann z. B. sagen »Ich bin guter Stimmung«, aber nicht »Ich bin guter Atmosphäre«.

Zur Veranschaulichung, wie in literarischen Texten Atmosphäre gestaltet wird, zitiere ich einen kleinen Text von Christoph Wilhelm Aigner:

> Seit drei windstillen Tagen fließt ein Regen wie aus einem feinporigen Sieb. Ich steige in den Wäldern herum und irre über die ehemaligen Roggenfelder, lege meine schnellvergänglichen Spuren in die Sandwege, spreche mit den kleineren Bäumen und steh, das Kinn hochgereckt, vor den alten Eichen und Linden. Die Kuckucke haben ausgerufen, die Lerchen sind abgereist, nur Bussarde kreisen und seltener sieht man zwei Rehe. Wie ist es möglich, so verloren zu sein und zurückgelassen bei dieser Überbevölkerung auf der Erde. Mehrmals gehe ich um den kleinen Teich, in dem der Frosch wohnt und der Schilfrohrsänger. Rundum die grüngoldenen Kiefern dunkel vor Nässe. Der Teich ist vom Nieseln so berührt, dass er eine Gänsehaut bekommt.
>
> (Aigner 1999, S. 94)

Typisch für das Atmosphärische in diesem Text ist, dass eine wechselseitige Resonanz von Subjekt und Umgebung deutlich wird, ganz im Sinne, wie Martin Seel Atmosphäre charakterisiert hat: »*Atmosphäre* einer landschaftlichen Gegend dagegen möchte ich die Korrespondenzqualität aktueller Lebenssituationen in ihrer Umgebung nennen« (Seel 1996, S. 100 f.). Wenn man im Unterricht die Sensibilität der Schülerinnen und Schüler für solche atmosphärischen Qualitäten eines Textes unterstützen will, kann dies z. B. durch die folgende produktive

Aufgabe geschehen (hier für die gymnasiale Oberstufe formuliert):

Wählen Sie eine der folgenden Schreibanregungen:

- Verändern Sie den Text so, dass die ausgedrückte Stimmung als befreiende Flucht oder als niederdrückende Melancholie wirkt.
- Verdichten Sie den Text zu einem Gedicht.

Eine solche Aufgabe hält dazu an, den Text genau im Hinblick auf die ausgedrückte schwebende Stimmung bzw. Atmosphäre zu lesen; aber sie soll auch die Aufmerksamkeit für das Atmosphärische über die Literatur hinaus stärken. Atmosphäre bestimmt – oft unbewusst – wesentlich das Wohlbefinden in häuslicher und außerhäuslicher Umgebung; eine bewusste Sensibilität dafür zu fördern, gehört zur ästhetischen Bildung. Hierin zeigt sich auch die ökologische Dimension ästhetischer Bildung, denn atmosphärisches Erleben betrifft die Empfänglichkeit für das, was den Menschen umgibt; das daraus resultierende Bewusstsein des Angewiesenseins auf Umwelt ist ein Kerngedanke ökologischen Denkens (vgl. Böhme 1989).

5 Imagination

Imagination bzw. die verwandten Begriffe Einbildungskraft und Vorstellungsbildung wurden und werden immer wieder im Zusammenhang mit Literatur genannt, z. B. von Arthur Schopenhauer: »Als die einfachste und richtigste Definition der Poesie möchte ich diese aufstellen, dass sie die Kunst ist, durch Worte die Einbildungskraft ins Spiel zu versetzen« (Schopenhauer 1977, S. 499). Man kann dem Spiel der Einbildungskraft oder, moderner formuliert, dem Imaginieren zwei

Grundfunktionen zuschreiben: Es ist die Fähigkeit des Menschen, sich eine lebendige Vorstellung von etwas zu machen; dies geschieht nicht nur durch künstlerische Verfahren, sondern spielt auch im Alltag eine Rolle, z. B. wenn Schülerinnen und Schüler versuchen, sich eine Vorstellung des Berufs, den sie möglicherweise ergreifen möchten, zu bilden, oder wenn sie beim Wunsch, einen Hund zu haben, sich konkret ausmalen, was das für ihren Alltag bedeuten wird. Die zweite Grundfunktion des Imaginierens entspricht dem Bedürfnis der Menschen, sich nicht mit der Wirklichkeit, an die sie gebunden sind, zu begnügen; im Imaginieren werden die Beschränkungen der gegebenen Lebenssituation überwunden, es entspringt einem Bedürfnis nach Freiheit. Deshalb kann die Autorin Cornelia Funke formulieren: »Fabulieren ist die größte menschliche Freiheit. Geschichten füttern dieses ewige Gefühl: Freiheit« (Funke 2008). Die Literatur regt von allen Künsten dieses Imaginieren am meisten an, und deshalb ist sie besonders geeignet, die Imaginationsfähigkeit der Schülerinnen und Schüler zu entwickeln; aber auch Filme und Bilder schaffen imaginäre Welten, und auch beim Musikhören gehen sich viele Menschen dem Imaginieren hin. In Tagträumen werden unabhängig von den Künsten Imaginationen gebildet, die meist gespeist sind von Wunsch- und Angstvorstellungen.

Im Hinblick auf ästhetische Bildung kann Literaturunterricht einen Beitrag zu reicherer und differenzierterer Vorstellungsbildung leisten. Besondere Bedeutung kommt dabei der Tatsache zu, dass die Imagination auch eine Voraussetzung für Empathie und Fremdverstehen ist, also für die Fähigkeit, Gedanken und Erlebnisweisen anderer Menschen nachvollziehen zu können. Darin besteht vielleicht der wichtigste Beitrag des Literaturunterrichts zur allgemeinen Bildung.

Zu erwähnen ist, dass Imagination auch beim Lesen beschreibender und narrativer Texte, die nicht im engeren Sinne als literarisch bezeichnet werden, eine Rolle spielt, z. B. bei Reiseberichten, Biografien oder Geschichtsbüchern. Auch daran zeigt sich, dass die Förderung der Imaginationsfähigkeit, wie sie im Literaturunterricht geleistet werden kann, über das literarische Lernen hinausreicht.

Methodisch wird die Imagination im Unterricht vor allem durch produktive Verfahren unterstützt, z. B. durch szenische Interpretation, durch das Schreiben innerer Monologe, durch das Illustrieren von Texten.

6 Begriffliches und begriffloses Verstehen

Beim Interpretieren von Texten werden Verstehensprozesse in Begriffe gebracht. Zur Novelle »Michael Kohlhaas« kann man z. B. zur Beschreibung der Hauptfigur Charakterisierungen wie »kompromisslos« oder gar »verbohrt« verwenden, stilanalytisch wird man von langen Sätzen mit Zuspitzung, von Paarformeln (»mit Brechstangen und Beilen«, »Altäre und Bänke«) usw. sprechen. Aber das Verstehen literarischer Texte funktioniert keineswegs nur über Begriffe. Es könnte z. B. ein Schüler sagen: »Den Kohlhaas, den kann ich voll verstehen. Wenn ich mich ungerecht behandelt fühle, könnte ich wie Kohlhaas werden.« Eine begriffliche Charakterisierung von Kohlhaas ist in einer solchen Äußerung nicht enthalten und im Bewusstsein des Schülers wohl auch nicht präsent. Dennoch wird man nicht abstreiten wollen, dass der Schüler zu Recht von »verstehe ich« spricht. Nun gibt es für das, was begriffsloses Verstehen ist, in Philosophie, Psychologie und Literaturwissenschaft viele Theorien. In der Neurowissenschaft wird dazu seit den 90er Jahren die Entdeckung der Spiegelneuronen viel diskutiert; Spiegelneuronen sind Zellen, die aktiv werden, wenn man eine bestimmte Handlung ausführt, aber ebenso, wenn man sieht, wie jemand eine solche Handlung ausführt, oder auch nur, wenn man sich diese Handlung vorstellt. Die Spiegelneuronen können dann Signale ans Emotionszentrum senden und von da wird das Bewusstsein aktiviert. Die Neurowissenschaftler sehen in den Spiegelneuronen einen wesentlichen Beitrag zur Erklärung dafür, warum man andere Menschen verstehen kann (vgl. z. B. Jacoboni 2011). Das mag eine kühne Folgerung sein; aber immerhin ist interessant, dass der Ausgangspunkt des Verstehens von Menschen in einer vorbewussten Reaktion von Gehirnzellen gesehen wird.

Begriffliches und begriffloses Verstehen sollten allerdings nicht gegeneinander ausgespielt werden, denn im Horizont ästhetischer Bildung ist beides aufeinander angewiesen. Ohne Fundierung im nicht-begrifflichen Verstehen bleibt die Begriffsbildung eine reine Verstandesangelegenheit, und umgekehrt kann durch begriffliches Beschreiben und Erläutern das nicht begriffliche Verstehen reicher werden. Ursula Brandstätter spricht von einem »Austauschverhältnis«: »Das begrifflose, sinnliche Verstehen bildet die Basis für das begriffliche Verstehen [...]. Andererseits kann aber auch das begriffliche Verstehen den sinnlichen Vollzug unterstützen [...]« (Brandstätter 2011, S. 37). Im Unterricht kommt es also darauf an, beides miteinander zu verbinden. Das ist keine neue Forderung, sondern entspricht durchaus tradierten Vorstellungen von Literaturunterricht; im Rahmen der Werkinterpretation, die die Literaturdidaktik lange bestimmt hat (und zum Teil bis heute bestimmt), ist das besonders ausgeprägt der Fall gewesen. In einem Unterricht, der auch die allgemeine ästhetische Bildung im Blick hat, ist die Einsicht wichtig, dass das Wechselspiel von begrifflichem und nicht begrifflichem Verstehen für alle Künste gilt (vgl. Kirchenmann/Richter/Spinner 2011) und dass darüber hinaus durch seine Einübung in der Schule eine Kommunikationsform vermittelt wird, die auch in alltagsästhetischen Situationen Bedeutung hat – z. B. wenn Ehepartner ihre Wohnungseinrichtung planen, sich über die Gestaltung ihres Gartens unterhalten oder die Farben für einen neuen Anstrich der Hausfassade und der Fensterrahmen auswählen. Ein Gespräch, das sich darin erschöpft, dass der eine Partner sagt »Das gefällt mir aber nicht« (also ohne begriffliche Begründung) und der andere antwortet »Braun und Lila passen nicht zueinander, das weiß man doch« (in reduzierter Begrifflichkeit), würde einem solchen Anspruch jedenfalls nicht gerecht. Wenn im Unterricht das Reden über Literatur begriffsloses und begriffliches Verstehen einfängt und zur Geltung kommen lässt, kann dies ein Modell für eine Kommunikationsform sein, die im Umgang mit allen Kunsterfahrungen und in alltagsästhetischen Situationen angemessen ist.

7 Symbolisches und parabolisches Verstehen

Symbolik und Parabolik gehören zu den besonderen Kennzeichen literarischer Texte, aber ebenso sind sie in den bildenden Künsten, im Tanz, im Film wichtig. Es ist im Unterricht interessant, den Bezug zu verschiedenen Künsten im Blick zu haben, z. B. Raum- oder Lichtsymbolik in der Literatur, im Film, im Theater und in der Malerei zu untersuchen. Aber auch im nichtkünstlerischen Alltag können Symbolik und Parabolik eine Rolle spielen; das wird auch durch literarische Texte deutlich. Der folgende kurze Text des Schweizer Schriftstellers Klaus Merz ist dafür ein prägnantes Beispiel:

> *Mein Werkzeug*
> Während der ersten dreißig Jahre meines Lebens trug ich oft einen Kieselstein im Hosensack mit. Als Spielgefährte, als Amulett, später als Erdgeschichte in handlicher Form. Im Lauf der Zeit ist der Stein zwar speckig, aber nie weniger ge-

worden. Und wenn ich ihn verlor, wusste ich, dass er nicht verloren war, sondern weiterrollte durch die Zeit. Es wird ihn noch geben, wenn von uns und unseren Hosensäcken schon lange nichts mehr übrig ist.

Diese Einsicht verhalf mir in philosophischen Stunden zu einer gewissen Gelassenheit, an gewöhnlichen Tagen aber führte sie nur zu Bitterkeit über den eigenen schnellen Verschleiß.

Eines Herbstes wechselte ich den Stein durch eine Rosskastanie aus, gegen allfälliges Rheuma. Und seit ein paar Jahren trage ich an ihrer Stelle einen klein gewordenen Radiergummi mit. Als Werkzeug. Und als Erinnerung an mein Leben. Denn auch der Radiergummi wird, anders als der Kiesel, durch meine Irrtümer verbraucht.

(Merz 2010, S. 6)

Die Abfolge »Spielgefährte«, »Amulett«, »Erdgeschichte in handlicher Form«, mit der der Erzähler die Bedeutung des Steins charakterisiert, führt von der Metaphorik (»Spielgefährte« ist eigentlich eine Bezeichnung für ein Lebewesen) über eine magische Vorstellung zu einer symbolisch-parabolischen Bedeutung. Letztere gilt dann auch für die Charakterisierung des Radiergummis, die der Nennung seiner alltagspraktischen Funktion als Werkzeug zugefügt wird: »als Erinnerung an mein Leben«. Vergänglichkeit und Dauer werden so mit Stein und Radiergummi als Bedeutungshorizont aufgerufen.

Im Unterricht kann, ausgehend vom Text, den Schülerinnen und Schülern die Anregung gegeben werden, darüber nachzudenken, ob sie in ihrem eigenen Leben auch Gegenstände haben oder kennen, die für sie eine besondere Bedeutung haben – z. B. als Erinnerung, als Zeichen der Verbundenheit mit einem anderen Menschen oder als Glücksbringer; vielleicht schreiben sie auch selbst einen Text zu einem solchen Gegenstand. So kann die Aufmerksamkeit dafür gestärkt werden, wie wir Alltagsgegenstände mit zusätzlichen Bedeutungsdimensionen belegen.

8 Differenzerfahrung (Alterität, Verfremdung)

In vielerlei Hinsicht vermitteln literarische Texte Differenzerfahrungen zur alltäglichen Lebenswelt, und zwar in formaler wie in inhaltlicher Hinsicht. In der Verfremdungstheorie und in der Abweichungsstilistik ist dieser Aspekt zentral; in diesen Zusammenhang gehört auch der Begriff der Alterität bzw. der Alteritätserfahrung, die der Rezipient von Literatur macht. Literarisches Verstehen heißt in dieser Hinsicht, sich auf ungewohnte Sprachverwendung und irritierende Inhalte einzulassen und nicht mit Abwehr und Kopfschütteln zu reagieren. Die literarische Verfremdung hält auch dazu an, die gelebte Wirklichkeit anders, neu zu sehen. Horst Rumpf hat, ausgehend von der Verfremdungstheorie Viktor Sklovskijs, dies folgendermaßen formuliert: »Es geht um die Herstellung einer Differenzempfindung; um die Empfindung, die dann entsteht, wenn etwas Normales, Wohlbekanntes, Erwartetes in ein neues, fremdes, anders akzentuierendes Licht gerückt wird« (Rumpf 1987, S. 174). Der folgende Text von Franz Hohler macht diesen Bezug besonders deutlich:

Daheim

Daheim bin ich, wenn ich in die richtige Höhe greife, um auf den Lichtschalter zu drücken.

Daheim hin ich, wenn meine Füße die Anzahl der Treppenstufen von selbst kennen.

Daheim bin ich, wenn ich mich über den Hund der Nachbarn ärgere, der bellt, wenn ich meinen eigenen Garten betrete.

Würde er nicht bellen, würde mir etwas fehlen.
Würden meine Füße die Treppenstufen nicht kennen, würde ich stürzen.
Würde meine Hand den Schalter nicht finden, wäre es dunkel.

(Hohler 1998, S. 27)

Im zweiten Teil des Textes werden, spiegelbildlich angeordnet, die Aussagen des ersten Teils verfremdet; Konditional und Verneinung sind sprachliche Indikatoren dafür. Durch die Verfremdung wird das Gewohnte bewusster gesehen und erlebt. Die Offenheit und Bereitschaft, auch im Alltagsleben Ungewohntes wahrzunehmen und das Gewohnte mit erneuerter Lebendigkeit zu sehen, ist der Beitrag, den der Umgang mit Literatur durch das Verfremdungsprinzip zur allgemeinen ästhetischen Bildung leisten kann.

Um zu verdeutlichen, wie sich literarische Differenzerfahrung von dem unterscheidet, was in der Schule in Bezug auf basale Lesekompetenz vermittelt wird, sei ein Beispiel aus einem Lesetest zitiert, dem mittlerweile ziemlich verbreiteten Stolperwörtertest (Backhaus [u. a.] 2004). Die Aufgabe für die Schülerinnen und Schüler besteht bei diesem Test darin, dass sie möglichst rasch bei Sätzen, in denen ein Wort fehl am Platze ist, dieses Wort durchstreichen sollen, Es werden Sätze wie die beiden folgenden vorgegeben:

»Das Fenster steht kalt offen«
»Der Polizist Uniform erzählt uns vom Verkehr«

(Backhaus u. a. 2004, S. 64)

Unser normalsprachliches Gefühl sagt uns, dass »kalt« und »Uniform« zu streichen sind. Bei einem Gedicht wird man bei solchen Formulierungen aber nicht unbedingt auf Fehlerhaftigkeit tippen, sondern sich überlegen, ob durch die ungewohnte Formulierung ein bestimmter Eindruck erzeugt werden soll, etwa dass das Offensein des Fensters und die Kühle gleichzeitig wahrgenommen werden oder dass der Polizist wie eine lebendige Uniform erscheint. Im Literaturunterricht würde man also bei einer ungewohnten Formulierung innehalten und sich mögliche Bedeutungen überlegen. Ästhetisches Verhalten bestünde darin, dass man Irritierendes nicht vorschnell für falsch oder für unsinnig erklärt. Vor allem im Hinblick auf Gegenwartskunst, -musik, -theater ist dies ein wichtiges Ziel ästhetischer Bildung.

9 Reflektierte Subjektivität

Als ein weiteres wichtiges Charakteristikum literarischen Lesens gilt die subjektive Involviertheit des Lesenden. Er bzw. sie fühlt mit Figuren mit, findet eigene Wunschvorstellungen oder persönliche Leid-Erfahrungen und zurückgedrängte Aggressionen im Text wieder. So halten literarische Texte dazu an, über sich selbst nachzudenken. Deshalb kann man von reflektierter Subjektivität beim literarischen Lesen sprechen. Ein Unterricht, der diesen Aspekt ernst nimmt, kann zur Identitätsbildung der Schülerinnen und Schüler beitragen. Allerdings ist es nicht ganz einfach, diesem sehr persönlichen Aspekt des Lesens in der Institution Schule gerecht zu werden. Ein Zwang zur Selbstkundgabe muss in einem solchen Kontext vermieden werden. Ich stelle hier ein Unterrichtsbeispiel aus der gymnasialen Oberstufe vor, das sehr bewusst persönlichen Textbezug und Schutz der Privatsphäre auszubalancieren versucht. Es geht um das bekannte Gedicht »Das Spiegelbild« von Annette von Droste-Hülshoff.

Das Spiegelbild

Schaust du mich an aus dem Kristall,
Mit deiner Augen Nebelball,
Kometen gleich, die im Verbleichen;
Mit Zügen, worin wunderlich
Zwei Seelen wie Spione sich
Umschleichen, ja, dann flüstre ich:
Phantom, du bist nicht meines Gleichen!

Bist nur entschlüpft der Träume Hut,
Zu eisen mir das warme Blut,
Die dunkle Locke mir zu blassen;
Und dennoch, dämmerndes Gesicht,
Drin seltsam spielt ein Doppellicht,
Trätest du vor, ich weiß es nicht,
Würd' ich dich lieben oder hassen?

Zu deiner Stirne Herrscherthron,
Wo die Gedanken leisten Fron
Wie Knechte, würd ich schüchtern blicken;
Doch von des Auges kaltem Glast,
Voll todten Lichts, gebrochen fast,
Gespenstig, würd, ein scheuer Gast,
Weit, weit ich meinen Schemel rücken.

Und was den Mund umspielt so lind,
So weich und hilflos wie ein Kind,
Das möcht in treue Hut ich bergen;
Und wieder, wenn er höhnend spielt,
Wie von gespanntem Bogen zielt,
Wenn leis' es durch die Züge wühlt,
Dann möchte ich fliehen wie vor Schergen.

Es ist gewiß, du bist nicht Ich,
Ein fremdes Daseyn, dem ich mich
Wie Moses nahe, unbeschuhet,
Voll Kräfte, die mir nicht bewust,
Voll fremden Leides, fremder Lust;
Gnade mir Gott, wenn in der Brust
Mir schlummernd deine Seele ruhet!

Und dennoch fühl ich, wie verwandt,
Zu deinen Schauern mich gebannt,
Und Liebe muß der Furcht sich einen.
Ja, trätest aus Kristalles Rund,
Phantom, du lebend auf den Grund,
Nur leise zittern würd ich, und
Mich dünkt – ich würde um dich weinen!

(Droste-Hülshoff 1985, S. 168 f.)

Im Unterricht, auf den ich mich hier beziehe, erfolgte eine erste Annäherung durch szenische Verfahren (Genaueres zur Einbettung und Durchführung in Kirchner/Schiefer Ferrari/Spinner 2006, S. 125–140). Dann wurden die folgenden Schreibaufträge gegeben:

Wählen Sie eine der angeführten Schreibaufgaben!

1. Schreiben Sie einen Tagebucheintrag einer heutigen Person, die in den Spiegel schaut. Greifen Sie (einige) inhaltliche Elemente des Droste-Gedichtes auf, aber nehmen Sie eine Übertragung auf moderne lebensweltliche Erfahrung und Sprache vor. Ein möglicher Textanfang könnte sein: »Heute früh in den Spiegel geschaut …«
2. Überlegen Sie sich, wie Sie reagieren würden, wenn Ihnen Ihr Spiegelbild lebend aus dem Spiegel entgegentreten würde. Schreiben Sie dazu einen Text. Er könnte beginnen mit

»Ach, bleib doch im Spiegel ...« oder »Was willst du von mir ...«.

3. Stellen Sie sich vor, Ihr Spiegelbild würde zu Ihnen sprechen. Was sagt es? Der Text könnte z. B. beginnen mit »Du, die/der du mich anschaust, was weißt du wirklich von ...« oder »Ja, ich bin's, dein Spiegelbild ...«.

Die Aufgabenstellungen sind so formuliert, dass sie nicht direkt persönliche Erfahrung einfordern; so ist in der ersten Aufgabe von einem »Tagebucheintrag einer heutigen Person« die Rede, bei Aufgabe 2 und 3 ist die Distanzierung durch die Surrealität der Situation gegeben. So ermöglichen die Aufgaben, was ein Charakteristikum von Fiktionalität ausmacht: Es kann in den Texten der Schülerinnen und Schüler offenbleiben, was nur ausgedacht und was Wiedergabe realer Erfahrungen ist. So sind auch die Arbeiten der Schülerinnen und Schüler zu lesen. Zu jeder Aufgabe folgt hier ein Beispiel (in originaler Orthografie):

Zu Aufgabe 1:

> Jeden Tag des selbe Spiel. Deinem Gegenüber im Spiegel hast du einen kurzen Blick geschenkt, nur oberflächlich um dann deinem geschäftigen Treiben nachzugehen. Du wirfst dich in den Strudel des Lebens. Keine Zeit, keine Lust nachzudenken. Du kommst nach Hause, es war eine kurze Nacht, das Gesicht brennt wie dein leeres Selbst. Kühles Wasser lindert den Schmerz, du blickst auf und siehst dich. Fragen kommen zurück, die schon lange nicht mehr dagewesen sind. Tief blickst du in deine Augen während kühle Tropfen dem Gesicht entlangrinnen, dein Gesicht doch wer ist dieses, dieses ich fragst du dich noch, aus Angst vor der Wahrheit schließt du die Augen drehst dich weg, von dir selbst, und löschst das Licht.

Zu Aufgabe 2:

> Wer bist du? Bist du ich? Geh doch zurück! Was suchst du hier? Ich bin doch schon am Leben, einer genügt! Und was bin ich, ohne mein Bild im Spiegel? Bin ich überhaupt noch? Was passiert mit mir? Du kannst nicht einfach mein Leben übernehmen! Geh zurück!!!!!

Zu Aufgabe 3:

> »Du, die du mich anschaust, was weißt du wirklich von mir, von dem wie ich über deine Gestalt denke, wenn du tagtäglich vor mich trittst und mein Erscheinen von dem deinen abhängig ist. So manches Mal denkt sich Meinesgleichen, es möcht dir durch das, was uns trennt ins Gesicht spucken und dich verhönen, doch dann wieder möcht ich die Hand nach dir ausstrecken und deine Wange streicheln. Das eine Mal machst du so eine jämmerliche Figur, das andere Mal hüpft mein Herz vor Freude, weil du mir entgegen lachst! Das eine möcht ich dir noch sagen, bevor ich wieder stumm das Gleiche tu und bin wie du: So oft denk ich mir, wie wär es, stünd ich neben dir, wären wir Freunde du und ich! Doch mein Erscheinen hängt weiter ab von deinem!«

Reflektierte Subjektivität (die im Spiegelmotiv als Reflektion zur Reflexion anhält) legt im Rahmen ästhetischer Bildung das Subjekt nicht auf seine tatsächliche Bestimmtheit (die konkreten Lebensumstände) fest, sondern betrifft auch Fantasien und erlaubt ein Durchspielen möglicher und unmöglicher Wunsch- und Angstvorstellungen.

10 Unabschließbarkeit der Sinnbildung

Die Unabschließbarkeit der Sinnbildung gilt als ein besonderes Charakteristikum poetischer Texte; aber auch sie kennzeichnet die anderen Künste und erfordert eine Denkweise, die als ein Aspekt allgemeiner ästhetischer Bildung gelten kann. Was das konkret heißen kann, sei an einer Kürzestgeschichte von Heinz Janisch gezeigt, die er für ein Bilderbuch geschrieben hat, die aber selbst für Erwachsene reizvoll ist:

> **Der König und die Wolke**
>
> »Na, ihr!«, sagte der König zu den Wolken. »Schon wieder unterwegs! Kann ich Euch gar nicht zum Bleiben überreden? Ich habe das schönste Land weit und breit. Hier gibt es saftiges Grün, Wiesen und schwarze Felder. Hier gibt es Türme, so hoch wie –« Aber die Wolken waren schon weitergezogen. »Verstehe«, sagte der König leise. Dann seufzte er.
>
> (Janisch/Erlbruch 2008, [o. S.])

Dieser kleine Text arbeitet mit einer Leerstelle oder, wenn man will, mit einem offenen Schluss: Es wird nicht gesagt, was der König versteht. Dies sich auszumalen, bleibt dem Leser überlassen. Wenn man den Schülerinnen und Schülern die Aufgabe stellt: »Was versteht der König am Schluss der Geschichte? Schreibe seine Gedanken auf«, dann werden durchaus unterschiedliche Vorschläge kommen, interessantere und weniger interessante, kurzgefasste und längere. Eine einzige richtige Lösung gibt es nicht. Durch die Vorschläge können verschiedene Aspekte ins Spiel kommen, und im Austausch ist eine Toleranz für unterschiedliche Vorstellungen angebracht. Ein solcher Umgang mit Eindrücken, Vorstellungen und Gedanken ist auch in alltagsästhetischen Situationen sinnvoll, z. B. wenn zwei Leute fasziniert die Wolken anschauen und sich darüber unterhalten oder, um ein ganz anderes Beispiel zu nehmen, wenn sich Reisende darüber austauschen, was ihnen an Paris oder an St. Petersburg besonders gefällt. Im Unterricht kann mit dem Austausch über ästhetisches Erleben und Deuten im literarischen Gespräch, bei dem »kein endgültiges Wort« (Härle/Steinbrenner 2004) das Ziel ist, modellhaft eine Kommunikationsform geübt werden, die allen Kunst-Erfahrungen und dem alltagsästhetischen Erleben angemessen ist.

Schluss

In den Bildungsstandards, die die deutsche KMK im Jahr 2003 für das Fach Deutsch beschlossen hat, wird der Beitrag, den der Literaturunterricht zu einer allgemeinen ästhetischen Bildung leisten kann, nicht sichtbar. Zwar ist im KMK-Beschluss davon die Rede, dass die Heranwachsenden erfahren sollen, »welche Bedeutung [...] ästhetische Vorstellungen für die gesellschaftliche Entwicklung haben« (KMK 2004, S. 9); diese für den mittleren Schulabschluss sehr anspruchsvolle Zielsetzung ist jedoch ziemlich weit entfernt von den in der sinnlich-ästhetischen Wahrnehmung begründeten Kategorien. von denen ich in meinen Ausführungen ausgegangen bin. Die im KMK-Beschluss dann aufgelisteten Einzelstandards zum Literaturunterricht sind überschrieben mit »literarische Texte verstehen und nutzen« (KMK 2004, S. 18), sind also an einem engen Begriff literarästhetischer Rezeptionskompetenz ausgerichtet; ihn weiter zu fassen und einzuordnen in einen Begriff allgemeiner ästhetischer Bildung, wie er in Philosophie und Erziehungswissenschaft diskutiert wird, ist das Anliegen meines hier vorliegenden Beitrages.

Zum Schluss sei noch auf zwei nicht ausdrücklich genannte wichtige Aspekte aufmerksam gemacht:

- Die ästhetische Einstellung zur Welt und die zweckbestimmte Bewältigung des Alltags sind grundlegende, entgegengesetzte Verhaltensmodi des Menschen; sie kommen allerdings durchaus in vielfachen Verbindungen vor, wie das folgende Beispiel verdeutlichen mag: Das Klingeln des Weckers hat eine praktische Funktion, das Hören einer Musik-CD dagegen dient dem Hörgenuss; beim Radiowecker verbindet sich beides, wenn er mit Musik den Schlafenden weckt.
- Die ästhetische Aufmerksamkeit, die sich zunächst auf etwas in der äußeren Welt richtet (ein Bild, eine Melodie, ein Gedicht ...), ist, wie Martin Seel es formuliert, »zugleich eine Aufmerksamkeit für uns selbst: für den Augenblick hier und jetzt« (Seel 2000, S. 39). Das heißt für die pädagogische Situation in der Schule, dass Unterricht, der einem ästhetischen Bildungsanspruch gerecht werden will, dem Selbstwertgefühl der Schülerinnen und Schüler verpflichtet ist und sie als Menschen achtet, die ein Recht auf ein lebenswertes Leben im Hier und Jetzt haben.

Literatur

Literarische Texte

Aigner, Christoph Wilhelm: Mensch. Verwandlungen. Stuttgart: DVA, 1999.

Droste-Hülshoff, Annette von: Historisch-kritische Ausgabe. Werke, Briefwechsel. Hrsg. von Winfried Woesler. Bd. 1,1. Tübingen: Niemeyer, 1985.

Hohler, Franz: Die blaue Amsel. München: dtv, 1998.

Janisch, Heinz / Erlbruch, Wolf: Der König und das Meer. 21 Kürzestgeschichten. München: Sanssouci, 2008.
Kleist, Heinrich von: Michael Kohlhaas. Mit Materialien. Ausgew. und eingel. von Rainer Siegle. Stuttgart: Klett, 1979.
Merz, Klaus: Am Fuß des Kamels. Geschichten & Zwischengeschichten. Innsbruck/Wien: Haymon, 2010.
Walser, Robert: Schneien. In: R. W.: Sämtliche Werke in Einzelausgaben. Hrsg. von Jochen Greven. Bd. 5.: Der Spaziergang. Prosastücke und Kleine Prosa. Zürich / Frankfurt a. M.: Suhrkamp, 1985. S. 159–162.

Fachliteratur

Abraham, Ulf / Launer, Christoph (Hrsg.): Weltwissen erlesen. Literarisches Lernen im fächerverbindenden Unterricht. Baltmannsweiler: Schneider Hohengehren, 2002.
Backhaus, Axel / Brügelmann, Hans / Knorre, Simone / Metze, Wilfried (2004): Stolperwörter-Lesetest-1. Forschungsmanual. Online verfügbar: http://www2.agprim.unisiegen.de/lust/stolpermanual.pdf […]. [Nicht mehr zugänglich, vgl. www.biss-sprachbildung.de/btools/stolperwoerter-lesetest, Stand: 10. 2. 2022.]
Bieri, Peter: Wie wäre es, gebildet zu sein? In: ZEITmagazin Leben 32 (2007), S. 26–27.
Böhme, Gernot: Für eine ökologische Naturästhetik. Frankfurt a. M.: Suhrkamp, 1989.
Brandstätter, Ursula: »IN JEDER SPRACHE SITZEN ANDERE AUGEN« – Herta Müller. Grundsätzliche Überlegungen zum »Reden über Kunst«. In: Johannes Kirschenmann / Christoph Richter / Kaspar H. Spinner (Hrsg.): Reden über Kunst. Fachdidaktisches Forschungssymposium in Literatur, Kunst und Musik. München: kopaed, 2011. S. 29–43.
Dietrich, Cornelie / Krinninger, Dominik / Schubert, Volker: Einführung in die Ästhetische Bildung. Weinheim/Basel: Beltz Juventa, 2012.
Gaschke, Susanne: Erzählen für alle [Gespräch mit Cornelia Funke]. In:

ZEIT 48 (20. 11. 2008). Online verfügbar: https://www.zeit.de/2008/48/KJ-Interview-Funke [Stand: 10. 2. 2022].
Härle, Gerhard / Steinbrenner, Marcus (Hrsg.): Kein endgültiges Wort. Die Wiederentdeckung des Gesprächs im Literaturunterricht. Baltmannsweiler: Schneider Hohengehren, 2004.
Iacoboni, Marco: Woher wir wissen, was andere denken und fühlen. Das Geheimnis der Spiegelneuronen. Aus dem Engl. von Susanne Kuhlmann-Krieg. München: Goldmann, 2011.
Kirchner, Constanze / Schiefer Ferrari, Markus / Spinner, Kaspar H. (Hrsg.): Ästhetische Bildung und Identität. Fächerverbindende Vorschläge für die Sekundarstufe I und II. München: kopaed, 2006.
Kirschenmann, Johannes / Richter, Christoph / Spinner, Kaspar H. (Hrsg.): Reden über Kunst. Fachdidaktisches Forschungssymposion in Literatur, Kunst und Musik. München: kopaed, 2011.
KMK: Bildungsstandards im Fach Deutsch für den Mittleren Schulabschluss. München: Luchterhand, 2004.
Kreft, Jürgen: Grundprobleme der Literaturdidaktik. Eine Fachdidaktik im Konzept sozialer und individueller Entwicklung und Geschichte. Heidelberg: Quelle & Meyer, 1977.
Rumpf, Horst: Belebungsversuche. Ausgrabungen gegen die Verödung der Lernkultur. Weinheim/München: Juventa, 1987.
Schopenhauer, Arthur: Zürcher Ausgabe. Bd. 4: Die Welt als Wille und Vorstellung. Bd. II,2. Zürich: Diogenes, 1977.
Seel, Martin: Eine Ästhetik der Natur. Frankfurt a. M.: Suhrkamp, 1996.
Seel, Martin: Ästhetik des Erscheinens. München/Wien: Hanser, 2000.
Spinner, Kaspar H.: Kreativer Deutschunterricht. Identität – Imagination – Kognition. Seelze: Kallmeyer, [2]2006.
Spinner, Kaspar H.: Atmosphäre als ästhetischer Begriff. In: Günter Butzer / Hubert Zapf (Hrsg.): Theorien der Literatur. Grundlagen und Perspektiven. Bd. 5. Tübingen: Francke, 2011. S. 201–216.
Velthaus, Gerhard: Bildung als ästhetische Erziehung. Bad Heilbrunn: Klinkhardt, 2002.

Symbolisches Verstehen als Kernkompetenz des poetischen Verstehens

Dass Schülerinnen und Schüler nur die wörtliche Bedeutung eines literarischen Textes verstehen, gehört zu den Leiden der Deutschlehrerinnen und -lehrer. Es ist ihnen – vor allem in den weiterführenden Schulstufen – ein Anliegen, dass auch symbolische und parabolische Sinndimensionen erfasst werden, und immer wieder müssen sie feststellen, dass sie damit wenig Erfolg haben. Wenn sie es dann doch geschafft haben, dass sich ihre Schülerinnen und Schüler um symbolische Deutungen bemühen, kommt ein neues Leiden, nämlich die wilde Spekulation zu übertragenen Bedeutungen in Schüleräußerungen und -aufsätzen. Ist es denn angesichts solcher Erfahrungen, so mag man sich fragen, überhaupt sinnvoll, die Energie im Unterricht auf das symbolische Verstehen zu richten? In der fachdidaktischen Literatur ist es keineswegs so, dass darin durchweg ein wichtiges Anliegen des Deutschunterrichts gesehen wird. So findet man z. B. den Begriff Symbol oder symbolisches Verstehen nicht als Stichwort im *Lexikon Deutschdidaktik* (Kliewer/Pohl 2006). Es gibt aber auch eine neue, vertiefte Diskussion über das symbolische Verstehen, an die ich mich im Folgenden anschließe (vor allem an Abraham 2004, Kammler 2006, Zabka 2004). Ausgehend von der Überzeugung, dass die Förderung des symbolischen Verstehens ein Grundanliegen literarischen Lernens sein sollte, möchte ich einen Einblick in die entsprechende literaturdidaktische Diskussion geben und sinnvolle Unterrichtsperspektiven erläutern.

1 Zum Begriff des symbolischen Verstehens

Wenn man von symbolischem Verstehen spricht, hat man es mit einem Begriff zu tun, der in den verschiedenen Wissenschaften, in denen er eine Rolle spielt, überaus unterschiedlich definiert wird: dem Begriff des Symbols. Die Begriffsvielfalt, die einem hier begegnet, ist für viele ein Argument, auf den Symbolbegriff in Literaturwissenschaft und -didaktik zu verzichten. Ausführliche Überblicksdarstellungen zum Symbolbegriff stammen – aus literaturwissenschaftlicher Sicht – von Todorov (1977) und (mehr linguistisch ausgerichtet) von Rolf (2006). Wenn man sehr vereinfacht, kann man drei hauptsächliche Traditionslinien, die die heutige Diskussion bestimmen, ausmachen:

1. In der Semiotik unterscheidet man drei Typen von Zeichen, nämlich Symbol, Index und Ikon. Symbole sind nach dieser Unterscheidung arbiträre Zeichen, die nur auf Konvention beruhen. Nach dieser Definition sind z. B. sprachliche Zeichen Symbole (Konjunktionen kann man dabei den indexikalischen, lautmalerische Wörter den ikonischen Zeichen zuordnen). Dieser semiotische Symbolbegriff liegt jedoch den folgenden Ausführungen nicht zugrunde.

2. In der Kulturwissenschaft (und in kulturwissenschaftlich orientierten Untersuchungen anderer Disziplinen) bezieht sich der Symbolbegriff auf die Symbolisierungsfähigkeit des Menschen als einer anthropologischen Grundtatsache. Sprache, Bilder, mathematische Formeln, Riten usw. gehören dazu. Ernst Cassirers »Philosophie der symbolischen Formen« gilt dabei als wichtiger Referenztext. Dieser Begriffsgebrauch ist für die Frage des symbolischen Verstehens im Umgang mit Literatur zu weit (vgl. allerdings die interessante literaturdidaktische Inanspruchnahme des Begriffs bei Nordhofen 2003).

3. In der Literaturwissenschaft ist, obschon vielkritisiert,

nach wie vor der Symbolbegriff in der Tradition Goethes vorherrschend. Auf die kürzeste Formel gebracht besagt er, dass im Besonderen ein Allgemeines erscheine, oder, wie Gerhard Kurz es in dem vielgenutzten Band *Metapher, Allegorie, Symbol* formuliert: »Ein Besonderes vertritt ein Allgemeines« (Kurz 2004, S. 74, vgl. auch Jacob 2009).

Die Kritik am Symbolbegriff der Goethetradition bezieht sich vor allem auf die Frage, was denn dieses Allgemeine sei, das im Besonderen erscheine: die Welt der Ideen, eine wirklichkeitstranszendierende Wahrheit, der Geist? Frauke Berndt spricht bezogen auf solche Auffassungen von der »Präsenzmetaphysik« des Symbolbegriffs (Berndt 2005, S. 29), eine typisch dekonstruktivistische Kritik. Man könnte, um solcher Kritik zu begegnen, den tradierten Symbolbegriff rezeptionsästhetisch modifizieren und sagen, von Symbolik könne man sprechen, wenn der Rezipient in einem Besonderen ein Allgemeines *sehe*. Dem Vorwurf der Präsenzmetaphysik wäre damit die Spitze genommen – es wird ja nicht mehr behauptet, dass tatsächlich ein Allgemeines im Besonderen präsent sei.

Aber was ist, wenn der moderne Rezipient gar nicht mehr an ein Allgemeines glaubt, also ein solches für ihn gar nicht mehr existiert? Der goethezeitliche Symbolbegriff war in einer säkularisierten Theologie, der Vorstellung einer Korrespondenz von Makro- und Mikrokosmos begründet. Eine solche Voraussetzung ist heute – man müsste eigentlich sagen: schon lange – nicht mehr gegeben. Wenn sich das Allgemeine sozusagen verflüchtigt hat, dann müsste man, wenn man noch vom goethezeitlichen Symbol ausgehen will, sagen, dass die wörtliche Bedeutung im Symbol eine Erweiterung erfährt, ohne in einem Allgemeinen anzukommen. Es geht also um Unabschließbarkeit des Sinnbildungsprozesses, um unendliche Semiose. In diesem Sinne soll das symbolische Verstehen hier verstanden werden.

Das heißt nun allerdings, dass jegliche Übersetzung des Besonderen in ein Allgemeines, jegliche Entschlüsselung dem Wesen des Symbolischen widerspricht. In diesem Sinne hat Johannes Anderegg davon gesprochen, dass dem Symbolischen »seine Unausschöpfbarkeit als eine wesentliche Eigenschaft« anhafte (Anderegg 1991, S. 50). In dieser Unausschöpfbarkeit liegt auch das spezifisch Ästhetische des Symbolischen und deshalb führt ein Entschlüsseln, das auf eindeutige Bedeutungszuweisung zielt, zu einer Zerstörung des literarästhetischen Erlebens (vgl. dazu auch Abraham 2004). Das ist der Grund, warum ich nicht vom Verstehen von Symbolen, sondern von symbolischem Verstehen spreche; in diesem Begriff ist deutlicher das Prozesshafte zum Ausdruck gebracht.

Eine solche Verwendung des Begriffs des symbolischen Verstehens macht eine Abgrenzung vom parabolischen Verstehen notwendig. Beides wird oft zusammengefasst unter Begriffen wie ›bildhafte Redeweise‹, wozu dann meist auch noch die Metaphorik gezählt wird. Beim parabolischen Verstehen, z. B. wenn eine Lehre zu einer Fabel formuliert wird, geht es um eine Bedeutungsübertragung, die explizit ausformuliert werden kann: Der Wolf in der Fabel ist eigentlich kein Wolf, er steht für menschliche Verhaltenweisen; der Wolf Amaroq in Georges Roman *Julie von den Wölfen* (George 1979) dagegen zeigt Verhaltensweisen, die typisch für Wölfe sind, freilich mit symbolischer Bedeutungserweiterung (z. B. im Rahmen des Gegensatzes Natur – Zivilisation). Und wenn Perrault in der Lehre (»moralité«) den Wolf in »Rotkäppchen« auf galante Verführer bezieht, dann deutet er parabolisch (Perrault 1996, S. 38 f.), während der Wolf im Grimmschen Märchen symbolisch, z. B. im Hinblick auf die Begegnung mit Sexualität und männlicher Gewalt als einer Entwicklungsaufgabe heranwachsender Menschen, gesehen wird. Beides, parabolisches und symbolisches Verstehen, ist im Umgang mit literarischen

Texten wichtig, einander gleichsetzen sollte man diese Verstehensformen nicht, auch wenn sie ineinander übergehen können.

2 Entwicklung und Förderung des symbolischen Verstehens im Verlauf der Schuljahre

In entwicklungspsychologischen und fachdidaktischen Studien ist gezeigt worden, dass sich Schülerinnen und Schüler erst im Verlauf der Schulzeit die Fähigkeit des indirekten Sprachgebrauchs, zu dem auch das symbolische Verstehen gezählt wird, aneignen (vgl. Spinner 1993, S. 58 ff.); entsprechende Untersuchungen lehnen sich in der Regel an das Modell der kognitiven Entwicklung nach Jean Piaget an (vgl. kritisch Zabka 2004). Gestützt werden solche Ergebnisse, wenn Karlheinz Fingerhut (2001) z. B. feststellt, dass Schülerinnen und Schüler einer 7. Realschulklasse bei Hölderlins *Hälfte des Lebens* selbst mit Hilfe der Lehrkraft keine symbolische Deutung leisten konnten. Juliane Köster (2006) hat bezogen auf das Gedicht *Fauler Zauber* von Erich Kästner zeigen können, dass bei Zehnjährigen nur einem Drittel eine symbolische Gesamtdeutung gelang, weit über die Hälfte also auch hier dazu nicht in der Lage war. Interessant ist allerdings ein weiteres Ergebnis in ihrer Studie: Wenn es darum ging, einzelne Requisiten symbolisch zu deuten (z. B. den Zauberstock als Zeichen der Macht des Zauberers), gelang dies mehr Schülerinnen und Schülern. Ein solches Untersuchungsergebnis stellt Stufenmodelle, nach denen grundsätzlich erst von einem bestimmten Alter an symbolisches Verstehen möglich sei, in Frage. Die Fähigkeitsentwicklung ist offenbar abhängig von der Art der Symbolik, also z. B. davon, ob es um lokale oder um globale Deutung geht. Noch grundsätzlicher kritisiert Abraham das Stufenmodell des symbolischen Verstehens und hält fest, »dass es problematisch ist, das ›wörtliche‹ Verstehen eines Textes als frühzeitig erreichbar und das symbolische Verstehen als erst später erreichbar darzustellen« (Abraham 2004, S. 107). Er argumentiert mit Winnicotts Theorie der Übergangsobjekte, mit denen sich das Kleinkind einen symbolischen Ersatz für die Mutter schafft und die der Ursprung für das kindliche Spiel sind (und der kulturellen Tätigkeit des Menschen überhaupt). Es handelt sich bei dieser Art symbolischen Verstehens um einen noch weitgehend unbewussten Prozess; in ihm eine Voraussetzung für die weitere Entwicklung des symbolischen Verstehens zu sehen ist allerdings einleuchtend. Eine ähnliche Argumentation wie bei Abraham findet man bei Wangerin (2004), der sich vor allem auf Freud und Lorenzer beruft.

Bezogen auf die frühe Kindheit wird oft speziell auf das Symbol- und Fiktionsspiel des Kindes hingewiesen (z. B. Knobloch 2001). Auch darin kann man Voraussetzungen für das finden, was das symbolische Verstehen im Umgang mit Literatur ausmacht. Allerdings ist eine differenzierte Sicht angebracht: Wenn sich zum Beispiel ein Kind mit Kissen und Schachteln einen abgetrennten Raum schafft und sagt: ›Das ist mein Haus‹, dann ist die Vorstellung, dass das eine für ein anderes steht, für sich gesehen noch nicht Ausdruck einer symbolischen Sinn-Erfahrung, wie sie Abraham ausgehend von Winnicott beschreibt und wie sie für das literarische Verstehen grundlegend ist; sie ist vielmehr darin zu sehen, dass der vom Kind geschaffene Raum eine Erfahrung von Geborgenheit schafft. Tiefenpsychologisch gesehen ist es ein Ersatz für die behütende Mutter (oder vielleicht besser: Ausdruck einer Sehnsucht danach) und zugleich Imagination einer selbsterschaffenen Geborgenheit im Sinn eines Gewinns an Autonomie (solche Ambivalenzen sind durchaus kennzeichnend für das Symbolische). So verweist die spielerische Tätigkeit des

Kindes auf eine Entwicklungsaufgabe und damit auf eine anthropologische Grunderfahrung. Wenn, um ein anderes Beispiel zu nehmen, ein Kind mit einem Stück Holz in der Luft herumfährt und ›Flugzeug‹ sagt, dann erfüllt die Stellvertreterfunktion des Holzstücks noch nicht die Bedingungen einer symbolischen Bedeutungserweiterung; diese ergibt sich aber insofern, als das Flugzeugspiel Ausdruck eines Wunsches nach Freiheit und Selbstständigkeit ist. In diesem Sinne ist das Fliegen auch in der Literatur ein häufiges Motiv. Dem spielenden Kind ist solches kaum bewusst, was der Intensität der symbolischen Erfahrung keinen Abbruch tut; es kann aber eine Aufgabe von Schule sein, solche Sinndimensionen bewusster zu machen.

Für die Förderung des symbolischen Verstehens in höheren Klassen hat allerdings Thomas Zabka in seiner kritischen Auseinandersetzung mit den Stufenmodellen des literarischen Verstehens (Zabka 2004) einleuchtend gezeigt, dass eine begriffliche symbolische Deutung nicht als höchste Stufe literarästhetischen Verstehens gelten sollte; vielmehr ist eine Verbindung von analogem und begrifflichem Verstehen höher einzustufen. Es ginge, so könnte man die Auffassung Zabkas exemplifizieren, darum, dass abstrahierende Generalisierungen (z. B.: der Fluss bedeutet in einem Text Vergänglichkeit) wieder zurückgebunden werden an Überlegungen, inwiefern Analogien zwischen dem begrifflichen Konzept der Vergänglichkeit und der konkreten Gestaltung des Meeresmotivs im Text hergestellt werden können. An einem Beispiel der neueren Kinder- und Jugendliteratur sei dies noch genauer veranschaulicht: In dem mit dem Deutschen Jugendliteraturpreis 2007 ausgezeichneten Jugendbuch von Do van Ranst *Wir retten Leben, sagt mein Vater* (2006) ist eine nicht fertig gebaute Brücke das Hauptmotiv. In einem Haus bei der Brücke wohnt die Protagonistin mit ihrer Familie; das ist, wie es im Text heißt, ein Ort,

»an dem alles aufhört« (ebd., S. 21). Diese verallgemeinernde Aussage kann man als Hinweis auf die symbolische Bedeutung der unfertigen Brücke interpretieren (z.B. im Sinne eines Stillstands des Lebens). Eine solche abstrahierende begriffliche Interpretation muss jedoch, wenn sie dem ästhetischen Charakter von Literatur gerecht werden will, weiter ausdifferenziert und konkretisiert werden, indem einzelne Analogien zwischen der Brücke und ihrer symbolischen Bedeutung hergestellt werden, etwa in folgender Weise: Brücken werden für Wege und Straßen gebaut; bei der unfertigen Brücke geht der Weg nicht mehr weiter, so wie der Lebensweg der Figuren im Buch zum Stillstand gekommen ist. Weitere Analogien ergeben sich, wenn man daran denkt, dass Brücken gebaut werden, wenn ein Hindernis – ein Bach, ein Fluss – überwunden werden muss, so wie auf dem Lebensweg Hindernisse bewältigt werden müssen. In der unfertigen Brücke kann man ein Kapitulieren vor den Schwierigkeiten auf dem Lebensweg sehen, wie das bei den Figuren im Buch zu beobachten ist: Der Vater sitzt nur noch vor dem Fernseher, der Großvater hat sich das Leben genommen und die Großmutter spricht seit dem Tod ihres Mannes nicht mehr. Mit solchen Textbezügen wird die abstrahierende Interpretation wieder an den Text und an die konkrete Imagination zurückgebunden; damit entsteht Bedeutungsfülle im Verstehensprozess und wird einer Reduktion auf begrifflich-abstrakte Rationalität vorgebeugt; denn zur Symbolik gehört, dass sie einen »Hof aus Affekten« (Abraham 2004, S. 104) entfaltet, einschließlich der damit verbundenen subjektiven Involviertheit des Lesenden.

3 Interpretationsstrategien für die Erschließung symbolischer Sinnzusammenhänge

Wenn man das Symbolische in Abgrenzung zum parabolischen Verstehen als einen offenen Semioseprozess definiert, bei dem das Besondere nicht in ein Allgemeines übersetzt wird, sondern es eine erweiterte Bedeutung erhält, dann werden die Zwei-Ebenen-Modelle, die eine eigentliche und eine übertragene Bedeutung unterscheiden, fragwürdig. Ich finde es deshalb problematisch, wenn sich z. B. Karlheinz Fingerhut auf eine »poetologische[n] Theorie« beruft, »die davon ausgeht, dass ein Gedicht immer von etwas anderem spricht als von dem, was es sagt« (Fingerhut 2001, S. 204) oder wenn Juliane Köster von der »Transferleistung« spricht (Köster 2006) oder Kathrin Waldt von »bildhaftsymbolische[r] Ebene« (Waldt 2003, S. 190). Ich halte es vielmehr für richtig, wenn man sagt, dass ein Gedicht sehr wohl von dem spricht, was es sagt; allerdings tut es dies in der Weise, dass die Worte, Motive und hervorgerufenen Vorstellungen einen erweiterten (nicht einen anderen!) Bedeutungshorizont erhalten. Und ich möchte nicht von einer zusätzlichen (tieferen oder über der wörtlichen liegenden) Bedeutungsebene sprechen, sondern von einer Anreicherung. Man könnte das Modell der zwei Ebenen als vertikales, paradigmatisches Modell bezeichnen, das Modell der Bedeutungserweiterung als horizontales, syntagmatisches Modell. Bedeutungserweiterungen sind in literarischen Texten häufig auch explizit angezeigt; in der schon zitierten Formulierung im Buch von van Ranst, »ein Ort […], an dem alles aufhört«, findet man die Bedeutungserweiterung im Wort »alles« – es hört nicht nur die Straße bei der unfertigen Brücke auf!

Was heißt das für das Vorgehen im Unterricht? Es bedeutet, dass es in erster Linie um die Suche nach Bedeutungszusammenhängen im Text gehen muss, weil dadurch einzelne Wörter und Motive zusätzliche Bedeutungsaspekte erhalten (das ist eine Form des Herstellens von Makrostrukturen). So ist die nicht fertig gebaute Brücke mit dem Stillstand in der Familie der Protagonistin in Verbindung zu bringen, ferner mit dem Selbstmord des Großvaters, dann aber auch mit den fragwürdigen Menschen, die sich abends bei der Brücke treffen, und mit der Anziehungskraft, die der Ort vor der Brücke auf die unerfahrene Protagonistin ausübt. Es geht im Unterricht also um konkrete, nachvollziehbare Textarbeit; die Schülerinnen und Schüler erfahren dabei, dass symbolische Bedeutungsdimensionen nicht hergezaubert werden von einer Ebene, die über oder unter dem Text liegt. Wenn sie in der Erzählung von van Ranst untersuchen, welche Textelemente (z. B. Aussagen und Gedanken von Figuren, einzelne Geschehnisse) zueinander in Bezug gebracht werden können, dann ergeben sich daraus Bedeutungserweiterungen. Eine solche Arbeit mit Bezügen im Text schlägt auch Marion von der Kammer vor, für die das Verstehen bildhafter Rede eine ihrer 16 Unterrichtsmethoden zur Entwicklung von Lesekompetenz ist (von der Kammer 2004). Sie betont besonders die Beachtung von »Gegenüberstellungen«, mit denen ein Text arbeite (ebd., S. 214 f.). Allerdings, und da würde ich ihr nicht mehr folgen, spricht sie dann vom »Transfer auf einen anderen Bedeutungsbereich« (ebd., S. 215), entsprechend ihrer Definition, dass im Symbol das dargestellte Konkrete für eine Idee stehe (ebd., S. 201).

Sinnvoll ist es, mit Assoziationen zu arbeiten (ebd., S. 214 f.). Das kann schon vor der Textlektüre erfolgen, z. B.: Was verbinden wir mit einer Brücke? Anschließend werden die Assoziationen, mit denen individuelles Vorwissen aktiviert wird, mit dem Text verglichen. Als ein konkretes Beispiel für einen einleuchtenden weiterführenden Arbeitsauftrag, der im Unterricht zur symbolischen Interpretation gestellt werden kann, zitiere ich einen Vorschlag von Sabine Pfäfflin; es geht ebenfalls um das Motiv der Brücke in einem Erzähltext, und zwar in Dirk Kurbjuweits Novelle »Zweier ohne« (2003). Es ist ein Gruppenauftrag für die 11. Klassenstufe:

> Welche Bedeutung hat die Brücke als Symbol in der Novelle?
> Erarbeitet anhand der folgenden Textstellen, welche Emotionen, Situationen und Entwicklungen mit der Brücke verbunden sind, und formuliert ihre symbolische Bedeutung in Schlagworten.
> Überlegt euch dabei auch, inwiefern sich die symbolische Bedeutung der Brücke im Verlauf der Novelle verändert. Stellt eure Ergebnisse auf einem Plakat dar und erläutert sie anschließend dem Kurs.
> (Pfäfflin 2007, S. 109, vgl. auch Pfäfflin 2008)

Beigefügt sind der Aufgabe die Seitenzahlen einschlägiger Textstellen (das ist eine Erleichterung, die insbesondere bei längeren Texten sinnvoll ist). Die Aufgabe zeigt deutlich, wie Sabine Pfäfflin zur Arbeit mit Textbezügen anhält. Damit verhindert sie, dass die Schülerinnen und Schüler spekulierend irgendwelche symbolischen Bedeutungen an den Text herantragen. Im Sinne dieser Intention würde ich den ersten Satz des Arbeitsauftrags sogar noch etwas umformulieren, statt »Welche Bedeutung hat die Brücke als Symbol in der Novelle« erschiene mir angemessener. »Welche Bedeutung kann man der Brücke als Symbol in der Novelle zuschreiben«; damit wäre der Offenheit symbolischer Bedeutungsdimensionen besser Rechnung getragen.

Wenn ich hier die Arbeit mit den innertextlichen Zusammenhängen mit Nachdruck betone, heißt dies nicht, dass die Rolle des Vorwissens unterschlagen werden soll; es beeinflusst das symbolische Verstehen und macht es reicher, und zwar sowohl ausgehend von eigenen alltäglichen Erfahrungen als auch durch die Aktivierung von kulturellem Wissen (andere literarische Texte, Medien, religiöse Symbole usw.). Kulturelles Wissen steht den Schülerinnen und Schülern jedoch nur eingeschränkt zur Verfügung – das gehört ja auch zu den gängigen Klagen der Lehrerinnen und Lehrer. Eine Symboldidaktik, die das Beiziehen von Vorwissen in den Vordergrund rückt, läuft Gefahr, die Schülerinnen und Schüler zu entmutigen, und hindert sie daran, die symbolische Bedeutungserweiterung als Prozess zu erfahren. Mit dem Einfordern von Vorwissen sollte man deshalb im Unterricht zurückhaltend sein. Dafür findet man durchaus Unterstützung bei Schriftstellern. Andreas Steinhöfel hat auf einer Tagung der STUBE (Studien- und Beratungsstelle für Kinder- und Jugendliteratur Wien) am 2. Mai 2009 nachdrücklich darauf hingewiesen, dass ein Text so geschrieben sein soll, dass er verstanden werden kann, auch wenn man die Bezüge auf Symboltraditionen nicht erkennt; er hat sich dabei auf seinen Roman *Die Mitte der Welt* (Steinhöfel 2000) bezogen, der in überaus kunstvoller Weise antike Mythologie aufgreift (Dianne – Diana, Phil – Apollon usw., vgl. Schmitt 2006, S. 85 ff.).

Eine Möglichkeit, im Unterricht intertextuelle Zusammenhänge der Symbolik erfahrbar zu machen, ist der Vergleich von Texten (das kann zum Beispiel die Lektüre eines antiken Mythos im Zusammenhang mit der *Mitte der Welt* sein). Das ist auch dann sinnvoll, wenn kein direkter intertextueller Bezug anzunehmen ist. Zu solchen Vergleichen seien einige Anregungen gegeben.

Schon erwähnt habe ich Dirk Kurbjuweits Novelle *Zweier ohne*, deren Brückenmotiv mit Do van Ransts Erzählung verglichen werden kann. In Kurbjuweits Text selbst wird ein expliziter intertextueller Bezug zu Schillers *Bürgschaft* hergestellt. Bei Kurbjuweit und bei Schiller ist die Freundschaft der beiden Protagonisten Hauptthema und mit dem Brückenmotiv verbunden. In Schillers Ballade hindert die weggerissene Brücke beinahe den Protagonisten daran, seinen Freund vorn Tod erretten zu können. Bei Kurbjuweit ist die Brücke ebenfalls mit der Todesthematik verbunden; die Novelle beginnt damit, dass sich ein Mädchen von der Brücke stürzt. Ein Unterschied besteht in der Betonung der Vertikalen bei Kurbjuweit (hohe Brücke, herunterstürzen, Tod) bzw. der Horizontalen bei Schiller (dem Protagonisten ist durch die weggerissene Brücke der Weg abgeschnitten, aber er überwindet schwimmend den Fluss und gelangt zu seinem Freund).

Für einen weiteren Vergleich bietet sich das Jugendbuch *Der Hund, der auf dem Weg zu einem Stern war* von Henning Mankell (2001) an. Hier ist das zentrale Motiv der Brücke schon auf der Cover-Illustration zu finden, zusammen mit dem Protagonisten Joel. Wenn Schülerinnen und Schüler antizipierend vor der Lektüre assoziieren, welche Bedeutung die Brücke für Joel haben könnte, wird das Verständnis für die Funktion der Brücke im Bedeutungszusammenhang des Textes angebahnt. Schon die (nach meiner Erfahrung) zu erwartende Assoziation der Mutprobe (die im Text dann auch tatsächlich eine Rolle spielt) weist darauf hin, dass die Brücke mehr als nur zufälliges äußerliches Requisit ist. Auch nach einer ersten Lektüre kann eine Beschäftigung mit dem Cover als Anstoß für Interpretation dienen.

Das Beispiel mag zeigen, dass gute Illustrationen, die mehr sind als äußerliche Abbildung, zum symbolischen Verstehen anregen; das gilt bereits für Bilderbücher, die heute vermehrt in untere Klassenstufen Eingang finden. Auch Produktionsaufgaben zur visuellen Gestaltung von Texten, also Zeichnen, Erstellen von Collagen, Fotografieren, Filmen befördern das symbolische Verstehen, und zwar dann, wenn den Schülerinnen und Schülern klarwird, dass eine rein äußerliche Abbildung noch nicht das zum Ausdruck bringt, was ein Text, zum Beispiel ein Gedicht, dem Rezipienten vermittelt.

In einem Zwischenbereich zwischen wörtlicher Umsetzung und symbolischer Bedeutungserweiterung bewegt sich die szenische Interpretation von Texten. Die Arbeit mit Intonation, Gestik, Körperhaltung, Requisiten, Anordnung der Figuren im Raum und Bühnenbild erfordert interpretierendes Verstehen und das Umsetzen erweiterter Sinndimensionen.

Eine Verstärkung des symbolischen Verstehens kann auch durch historisch-biographische Informationen zu literarischen Texten erfolgen. Kathrin Waldt hat das für die Grundschule anhand von Brechts Gedicht *Der Pflaumenbaum* gezeigt; die Kinder wurden u. a. über Brechts Exil informiert. Nach der Erarbeitung (die mit starker Lehrerlenkung erfolgte) sagte eine Schülerin: »Das Gedicht vom Pflaumenbaum gefällt mir gut, weil Bert Brecht darin die Unterdrückung der Menschen ausdrückt« (Waldt 2003, S. 192). Wichtig für das symbolische Verstehen ist, dass eine historisch-biographische Information den Text nicht zu einer Aussage des Schriftstellers in einer bestimmten Situation macht. Damit würde die symbolische Bedeutungserweiterung, die das biographische Material in der literarischen Bearbeitung erfährt, rückgängig gemacht. Ein poetischer Text ist mehr als ein biographisches Dokument. Das ist auch in der Äußerung des Kindes über das Brechtgedicht sichtbar: Die Information über die Entstehungszeit, über Brechts Exil und dessen Gründe sind der Ausgangspunkt dafür, dass das Kind im Gedicht eine Bedeutungsdimension erkennt, die über das Wörtliche und über den biographischen Anlass hinausreicht.

An Brechts *Pflaumenbaum* lässt sich auch zeigen, wie Formanalyse mit symbolischem Verstehen verbunden werden kann: Der alltagssprachliche Stil des Gedichts korrespondiert mit dem kümmerlichen Dasein, das im Pflaumenbaum zum Ausdruck kommt. Dadurch, dass alltagsnaher Stil für ein Gedicht in Anspruch genommen wird, erfährt dieser eine Aufwertung, wie das auf inhaltlicher Ebene auch für den unscheinbaren Baum gilt, der für würdig befunden wird, in einem Gedicht ins Bild gesetzt zu werden. Solche Suche nach Bezügen zwischen stilistischer Gestaltung und inhaltlicher Aussage kann den Rezipienten anregen, im Gedicht mehr als nur eine Aussage über einen Pflaumenbaum zu sehen.

4 Symbolisches Verstehen als Beitrag zur Medienkompetenz (Literatur, Film, Werbetexte)

Heutige Heranwachsende tun sich oft leichter, in Filmen statt in literarischen Texten symbolische Bezüge zu erkennen. Wenn sie zum Beispiel die Lichtregie in einem Film untersuchen, wird es ihnen kaum schwerfallen zu erkennen, dass ein Dunkelwerden nicht nur bedeutet, dass es Nacht ist oder dass das Licht ausgeknipst worden ist oder dass man sich in einem geschlossenen unbeleuchteten Raum befindet (das wären, semiotisch gesprochen, indexikalische Zeichenzusammenhänge), sondern dass Dunkelheit darüber hinaus einen symbolischen Bedeutungszusammenhang eröffnet, zum Beispiel als Ausdruck von Resignation oder als bedrohliche Gegenwelt zur überschaubaren Tageswelt. Es spricht einiges dafür, im Unterricht symbolisches Verstehen am Film zu üben und dann anschließend auf literarische Texte einzugehen. Dass (audio)visuelle Ausdrucksformen eher mit symbolischen als metaphorischen Mitteln arbeiten, ist für mich im Übrigen ein Argument dafür, den Symbolbegriff in der Didaktik stärker zu betonen als den Metaphernbegriff, der weitgehend an sprachliche Ausdrucksformen gebunden ist (als Beispiel für die Arbeit mit Raumsymbolik im Film vgl. Spinner 2008).

Dass auch die Werbung – manchmal sehr klischeehaft – mit symbolischer Bedeutungserweiterung arbeitet, ist in der Werbeanalyse vielfältig herausgearbeitet worden. An ihr kann man zeigen, wie durch die Symbolik unbewusse und halbbewusste Bedürfnisse und Wünsche angesprochen werden; diese Wirkung ist gerade deshalb möglich, weil man als Rezipient nicht einfach eine Übersetzung vornehmen kann – bei den grünen Wäldern und klaren Seen in der Mineralwasserwerbung wird man kaum in einer einfachen Formel nennen können, welche Sinnhorizonte beim Rezipienten aktiviert werden.

5 Symbolisches Verstehen in Testaufgaben

Wenn man das symbolische Verstehen für eine wichtige Teilkompetenz im Umgang mit Literatur hält, dann wünscht man sich verständlicherweise auch mögliche Kompetenzmodelle und Testverfahren für eine diesbezügliche Leistungsmessung. Dafür gibt es einige interessante Vorarbeiten in der Deutschdidaktik. So haben Huber/Stückrath mit Studienanfängern einen entsprechenden Test durchgeführt und dabei drei Teilkompetenzen unterschieden, nämlich:

- literarische Symbole identifizieren (das wird z. B. verfehlt, wenn ein Element, dem man nicht adäquat eine symbolische Bedeutung zuschreiben kann, symbolisch interpretiert wird)
- auf abstrakten Sinn ausdeuten
- plausibel deuten (vgl. Huber/Stückrath 2007)

Das Vorgehen zeigt ein typisches Problem, das sich bei solchen Aufgabenkonstruktionen ergibt: Der Blick richtet sich auf einzelne Symbole, z. B. »Fenster«, »Mauer«. Diese sollen zwar durchaus kontextbezogen gedeutet werden. Aber trotzdem entsteht für die Schülerinnen und Schüler der Eindruck, dass der Dichter einzelne Wörter als Symbole eingesetzt habe und ihnen deshalb ein isolierter Sinn zugeschrieben werden könne. Auch die Formulierung »ausdeuten« in der zweiten Teilkompetenz ist nicht unproblematisch, wenn man davon ausgeht, dass symbolische Sinndimensionen nie ganz ausgedeutet werden können.

Clemens Kammler hat in einem Beitrag fünf Standards für das Symbolverstehen in der gymnasialen Oberstufe zusammengestellt (Kammler 2006):

1. Erfassen, dass Bildlichkeit vorliegt (das entspricht ungefähr der ersten Teilkompetenz bei Huber / Stückrath)
2. Deutungshypothesen durch Bezugnahme auf andere Textpartien
3. Beziehung zu historischen Kontexten
4. Reflektieren des Deutungsspielraums
5. Kenntnis und kritischer Gebrauch einschlägiger Fachbegriffe

Kammler wertet in seiner Untersuchung schriftliche Textanalysen aus und macht auch einen Vorschlag für eine Multiple-choice-Aufgabe, fügt allerdings bei, dass solche Aufgaben nur von eingeschränkter Aussagekraft sein können. Man darf wohl sagen, dass Kammlers Modell den Stand der Diskussion darstellt, was die Definition von Teilkompetenzen symbolischen Verstehens betrifft. Besonders wichtig erscheint mir der vierte Standard zu sein; er soll davor bewahren, dass sich die Schülerinnen und Schüler mit eindeutigen Entschlüsselungen zufriedengeben und nicht mehr im Blick haben, dass es für symbolische Bedeutungsdimensionen einen Spielraum gibt und deshalb eine abschließende Bedeutungsfestlegung problematisch sein kann.

Man könnte für die Frage, wo die Grenzen von Testaufgaben beim symbolischen Verstehen sind, folgendes Bild verwenden: Symbolisches Verstehen eines Textes ist wie ein Gang durch eine Landschaft, in der sich vielfältige Perspektiven auftun. Mit Tests wird ein Leistungsergebnis erfasst, das heißt für den Wanderer: Es wird überprüft, ob er beim Ziel, beim verabredeten Rastplatz ankommt. Der Test stellt fest, ob der Wanderer den richtigen Weg finden kann; darüber, was er auf dem Weg erfahren hat, sagt er nichts aus. Diese eingeschränkte Perspektive von Tests zum literarischen Verstehen ist einer der Gründe, warum outputorientierte Testaufgaben nicht mit Lernaufgaben gleichgesetzt werden dürfen. Bei diesen kommt es auch auf das an, was während des Gehens geschieht, und nicht nur auf Zielerreichung.

Schluss

Abschließend formuliere ich als Wünsche, was mir im Zusammenhang mit dem symbolischen Verstehen besonders wichtig ist. Ich wünsche mir,

- dass endlich unsere Schülerinnen und Schüler nicht mehr lernen, dass der Dichter in einem poetischen Text etwas anderes meint, als er sagt,
- sondern dass sie darin unterstützt werden, sich imaginierend auf die literarischen Texte einzulassen
- und dass sie dadurch intuitiv und zunehmend auch explizit und bewusst erfahren, wie sich Bedeutungen erweitern, wenn man sich auf einen Text einlässt,
- dass den Schülerinnen und Schülern bewusst ist: Ein literarischer Text ist nicht dann entschlüsselt, wenn man eine Intention des Autors formuliert oder beim Multiple-choice-

Test das passende Sprichwort als Globaldeutung angekreuzt hat,
- sondern dass die Faszination literarischer Texte darin besteht, dass sie Assoziationen auslösen, zum Nachdenken und zum Entdecken von Sinnzusammenhängen anregen und dass oft ein rätselhafter Rest des Unausdeutbaren bleibt.

Primärliteratur

Literatur

George, Jean Craighead: Julie von den Wölfen. Aus dem Amerikanischen von Friedl Hofbauer. München: dtv, 1979.
Kurbjuweit, Dirk: Zweier ohne. Eine Novelle. Köln: Kiepenheuer & Witsch, 2003.
Mankell, Henning: Der Hund, der unterwegs zu einem Stern war. Aus dem Schwedischen von Angelika Kutsch. München: dtv, 2001.
Perrault, Charles: Contes de Fées. Märchen. Übers. von Ulrich Friedrich Müller. Durchges. Neuausg. München: dtv, 1996.
Ranst, Do van: Wir retten Leben, sagt mein Vater. Übers. von Andrea Kluitmann. Hamburg: Carlsen, 2006.
Steinhöfel, Andreas: Die Mitte der Welt. Roman. Frankfurt a. M.: Fischer, 2000.

Wissenschaftliche Literatur

Abraham, Ulf: Symbolisches Verstehen als unabschließbare Aufgabe einer »Lehre der Literatur«. In: Volker Frederking [u. a.] (Hrsg.): Lesen und Symbolverstehen. München: kopaed, 2004. (Medien im Deutschunterricht. 2003.) S. 100–112.
Anderegg, Johannes: Symbol und ästhetische Erfahrung. In: Jürgen Oelkers / Klaus Wegenast (Hrsg.): Das Symbol – Brücke des Verstehens. Stuttgart/Berlin/Köln: Kohlhammer, 1991. S. 46–54.

Berndt, Frauke: Symbol/Theorie. In: F. B. / Christoph Brecht (Hrsg.): Aktualität des Symbols. Freiburg i. Br.: Rombach, 2005. S. 7–30.

Fingerhut, Karlheinz: »Ich sahe mit betrachtendem Gemüte«. Symbolverstehensversuche in einem literaturdidaktischen Seminar. In: Jürgen Belgrad / Horst Niesyto (Hrsg.): Symbol. Verstehen und Produktion in pädagogischen Kontexten. Baltmannsweiler: Schneider Hohengehren, 2001. S. 192–204.

Frederking, Volker: Symbolisches Verstehen im Deutschunterricht – Transdisziplinäre Begründungszusammenhänge zur Behebung eines fachlichen Desiderats. In: Bodo Lecke (Hrsg.): Fazit Deutsch 2000. Ästhetische Bildung, moralische Entwicklung, kritische Aufklärung? Frankfurt [u. a.]: Lang, 2004. S. 217–246.

Frederking, Volker [u. a.] (Hrsg.): Lesen und Symbolverstehen. München: kopaed, 2004.

Huber, Ludwig / Stückrath, Jörn: Was können Eingangsdiagnosen im Deutschstudium leisten? Zum Symbolverstehen von Studienanfängern am Beispiel von Wolfgang Borcherts *Nachts schlafen die Ratten doch*. In: Steffen Gailberger / Michael Krelle (Hrsg.): Wissen und Kompetenz. Entwicklungslinien und Kontinuitäten in Deutschdidaktik und Deutschunterricht. Heiner Willenberg zum 65. Geburtstag gewidmet. Baltmannsweiler: Schneider Hohengehren, 2007. S. 74–96.

Jacob, Joachim: Glückliche Gegenstände – Symboltheorie und Literatur. In: Günter Butzer / Hubert Zapf (Hrsg.): Theorien der Literatur. Grundlagen und Perspektiven. Bd. 4. Tübingen: Francke, 2009. S. 149–167.

Kammer, Marion von der: Wege zum Text. Sechzehn Unterrichtsmethoden für die Entwicklung der Lesekompetenz. Baltmannsweiler: Schneider Hohengehren, 2004.

Kammler, Clemens: Symbolverstehen als literarische Rezeptionskompetenz. Zu Uwe Timm *Am Beispiel meines Bruders* (Jahrgangsstufe 11–13). In: C. K. (Hrsg.): Literarische Kompetenzen – Standards im Literaturunterricht. Modelle für die Primar- und Sekundarstufe. Stuttgart/Seelze: Klett/Kallmeyer, 2006. S. 196–212.

Kliewer, Heinz-Jürgen / Pohl, Inge (Hrsg.): Lexikon Deutschdidaktik. 2 Bde. Baltmannsweiler: Schneider Hohengehren, 2006.

Knobloch, Clemens: »Kritische Kontexte« in der Entwicklung der kindlichen Symbol- und Erzählfähigkeit. In: Hans Dieter Erlinger (Hrsg.): Kinder und ihr Symbolverständnis. Theorien, Geschichten, Bilder. München: kopaed, 2001. S. 11–30.
Köster, Juliane: Von der Lebenswelt zur Literatur. Zu Erich Kästners *Fauler Zauber* (4. Schuljahr). In: Clemens Kammler (Hrsg.): Literarische Kompetenzen – Standards im Literaturunterricht. Modelle für die Primar- und Sekundarstufe. Stuttgart/Seelze: Klett/Kallmeyer, 2006. S. 50–64.
Kurz, Gerhard: Metapher, Allegorie, Symbol. Göttingen: Vandenhoeck & Ruprecht, [5]2004.
Nordhofen, Susanne: Literatur und symbolische Form. Der Beitrag der Cassirer-Tradition zur ästhetischen Erziehung und Literaturdidaktik. Hannover: Siebert, 2003.
Pfäfflin, Sabine: Auswahlkriterien für Gegenwartsliteratur im Deutschunterricht. Baltmannsweiler: Schneider Hohengehren, 2007.
Pfäfflin, Sabine: Dichte Symbolik und spannende Lektüre. Dirk Kurbjuweits Novelle *Zweier ohne* im Unterricht. In: Literatur im Unterricht. Texte der Gegenwartsliteratur für die Schule 9 (2008) H. 1. S. 39–56.
Rolf, Eckhard: Symboltheorien. Der Symbolbegriff im Theoriekontext. Berlin / New York: de Gruyter, 2006.
Schmitt, Elisabeth: Von Herakles bis Spider-Man. Mythen im Deutschunterricht. Baltmannsweiler: Schneider Hohengehren, 2006. (Deutschdidaktik aktuell. 25.)
Spinner, Kaspar H.: Entwicklung des literarischen Verstehens. In: Ortwin Beisbart [u. a.] (Hrsg.): Leseförderung und Leseerziehung. Theorie und Praxis des Umgangs mit Büchern für junge Leser. Hans E. Giehrl zum 65. Geburtstag. Donauwörth: Auer, 1993. S. 55–64.
Spinner, Kaspar H.: Raumsymbolik als didaktischer Zugang zur Filminterpretation. In: Der Deutschunterricht 60 (2008) H. 3. S. 43–52.
Todorov, Tzvetan: Théories du symbole, Paris: Seuil, 1977.
Waldt, Kathrin: Literarisches Lernen in der Grundschule. Herausforderung durch ästhetisch-anspruchsvolle Literatur. Baltmannsweiler: Schneider Hohengehren, 2003.
Wangerin, Wolfgang: Die Grenzen der Sprache sind enger als die Grenzen der Erfahrung. Was Susanne K. Langers und Alfred Lorenzers

Symboltheorie für eine kreative Mediendidaktik bedeuten kann. In: Volker Frederking [u. a.] (Hrsg.): Lesen und Symbolverstehen. München: kopaed, 2004. (Medien im Deutschunterricht. 2003.) S. 128–139.

Zabka, Thomas: Zur Entwicklung der ästhetischen Rationalität – Überlegungen anlässlich des Symbolverstehens im Literaturunterricht. In: Bodo Lecke (Hrsg.): Fazit Deutsch 2000. Ästhetische Bildung, moralische Entwicklung, kritische Aufklärung? Frankfurt a. M. [u. a.]: Lang, 2004. S. 247–262.

Wie Fachwissen das literarische Verstehen stört und fördert

Im ersten Jahrzehnt des 21. Jahrhunderts hat die Kompetenzorientierung die Frage nach dem Wissenserwerb zurückgedrängt. Dies hat sich insbesondere dadurch ergeben, dass die Kompetenzorientierung der Inhaltsorientierung gegenübergestellt wurde: Wenn Unterricht nicht mehr von den Inhalten, sondern von den zu vermittelnden Kompetenzen her geplant wird, rücken Fähigkeiten und Dispositionen statt Wissenserwerb in den Fokus. Dass dies zu einer einseitigen Gewichtung führen kann, hat Heiner Willenberg schon früh, nämlich am Germanistentag 1999, kritisch vermerkt mit dem Hinweis, »dass Wissenserwerb der unabdingbare Partner der Kompetenzen ist. den man vielleicht zu lange vergessen hat.« (Willenberg 2000, S. 69) Mittlerweile wird die Bedeutung des Wissens als Voraussetzung für Kompetenz wieder verstärkt beachtet. Bei der Lesekompetenz wird die Rolle des Vorwissens jedem Lesenden sofort klar, wenn er einen Text zu einem Thema liest, das ihm nicht besonders vertraut ist. Mir ergeht es z. B. so, wenn ich auf der Medienseite der Tageszeitung von neuer Software oder im Jahresbericht einer Aktiengesellschaft vom Cashflow lese. Und noch in anderer Hinsicht ist die Frage nach dem Wissen nicht ein Gegensatz zur Kompetenzorientierung, sondern gewinnt gerade durch sie neues Gewicht, nämlich durch die Forderung nach kumulativem Lernen, die mit der Kompetenzorientierung verknüpft ist. Für den Literaturunterricht z. B. bedeutet kumulatives Lernen, dass sich die Schülerinnen und Schüler schrittweise ein Instrumentarium für Textinterpretationen im Sinne eines transferfähigen prozeduralen Wissens aneignen sollen. Einem solchen Anspruch wird der Literaturunterricht meist nur teilweise gerecht, denn die bis heute einflussreiche Werkinterpretation verführt leicht dazu, dass die Lehrenden nur das jeweilige Werk und nicht die zu vermittelnden Kompetenzen im Blick haben.

Dass es Schülerinnen und Schülern am Wissen fehlt, das für einen angemessenen Umgang mit literarischen Texten nötig wäre, wird immer wieder festgestellt und beklagt. Die Tatsache, dass am Symposion Deutschdidaktik 2010 eine ganze Sektion der Frage nach der Rolle des Wissens, und zwar speziell des fachlichen Wissens, gewidmet worden ist und dazu nun auch ein Sammelband vorgelegt wird, kann man als Reaktion auf dieses Problem und als Plädoyer für mehr Beachtung der Wissensvermittlung verstehen. Allerdings ist das Fachwissen, das Schülerinnen und Schülern vermittelt wird und das sie sich aneignen, nicht immer wirklich hilfreich. Darauf soll im Folgenden näher eingegangen werden. Ich erläutere zuerst an einem Beispiel, worin die Störung des literarischen Verstehens durch Fachwissen bestehen kann. Dann thematisiere ich kurz die fünf hauptsächlichen Arten von Fachwissen, nämlich (Aufstellung in Anlehnung an Stark 2010; Köster 2003):

- Gattungswissen
- Textanalysewissen
- Literaturgeschichtliches (Epochen-)Wissen
- Autorenwissen: Autorkonzepte und biographisches Wissen
- intertextuelles Wissen.

Schließlich skizziere ich mögliche Lösungswege für eine Wissensvermittlung, die für das literarische Verstehen hilfreich ist.

Dass deklaratives Wissen zu Gattungsmerkmalen, zu rhetorischen Figuren, zu literarischen Epochen u. Ä. den Schülerinnen und Schülern oft wenig hilft, einen Text besser zu verstehen, gehört zu den alltäglichen Erfahrungen von Lehrkräften. Das Problem wird auch in der Fachdidaktik diskutiert; insbesondere Juliane Köster hat immer wieder darauf hingewiesen, dass oft nur ein »schematische[r] Rückgriff auf Vorwissensbestände« (Köster 2010, S. 15) erfolge und dies nicht zuletzt durch die Lehrpläne unterstützt werde (Köster 2003).

Besonders nachdrücklich wird diese negative Wirkung des Literaturunterrichts in der empirischen Studie von Julia Knopf sichtbar. Sie hat erhoben, wie Heranwachsende unterschiedlichen Alters, vom Kindergarten bis zum Gymnasium, Texte literarästhetisch erfassen. Befragt hat sie 680 Versuchspersonen. Das ernüchternde Hauptergebnis der Studie besagt, dass ein Anstieg der literarästhetischen Rezeption bis zum 4. Schuljahr festzustellen ist, dass ab dem 5. Schuljahr ein Abfall erfolgt, ab Klassenstufe 11 wieder ein Anstieg, allerdings ohne dass das Niveau vom Ende der Grundschule wieder erreicht wird. Auch wenn dieses Ergebnis mitbedingt ist durch die angewendete Erhebungsmethode, macht es doch nachdenklich im Hinblick auf das, was Schulunterricht erreicht. Julia Knopf gibt dafür in ihrer Diskussion der Ergebnisse die folgende Erklärung in Bezug auf den gymnasialen Unterricht: »Die primär kognitiv-analytische Vermittlung begrifflichen Wissens führt dazu, dass die Schüler gezielt im Text nach den gelernten Kriterien suchen. Dabei scheinen sie weder die Funktion der formalen und sprachlichen Mittel noch den Sinn ihres Tuns zu erkennen.« (Knopf 2009, S. 316) Zur Veranschaulichung seien hier zwei Schüleräußerungen aus der Studie zitiert; sie beziehen sich auf Eichendorffs Gedicht *Wünschelrute* (»Schläft ein Lied …«):

> 4. Klasse:
> Das Zauberwort ist vielleicht der Spruch. Das klingt auch so wie ein Lied und wenn alle Menschen den Spruch sagen, dann singen sie alle. Wie in Musik. Wenn wir eine Geschichte haben und dann daraus ein Lied machen. Das klingt auch schon so wie das Lied, das die Menschen dann auch fröhlich macht, wenn sie es singen.
> (Knopf 2009, S. 209)

> 12. Klasse:
> Das Gedicht ›Wünschelrute‹ von Joseph von Eichendorff umfaßt eine Strophe mit vier Versen. Es zeigt das Schema des Kreuzreims auf. Darüber hinaus wechseln sich weibliche und männliche Kadenzen ab. Es fällt auf, daß der Anfangsbuchstabe eines jeden Verses einen Großbuchstaben aufweist, dies ist eine Eigenheit des Verfassers. Der Verfasser benutzt Personifikationen (Lied, Z. 2; Welt, Z. 4), sie dienen der besseren Anschaulichkeit des Gedichts. Außerdem läßt sich in Zeile drei eine Wortwiederholung finden (fort und fort), diese bezeichnet, daß das Geschehen vorangetrieben wird. Das Gedicht ist in kurze Sätze gefaßt, was das Textverständnis eigentlich erleichtern sollte, bei mir ist das aber leider nicht der Fall.
> (Knopf 2009, S. 220)

In der Äußerung aus der 12. Klasse wird viel Fachwissen ausgebreitet (Reim, rhetorische Mittel), aber dies führt nicht zu einem literarästhetischen Verstehen. Das sagt die Versuchsperson in ihrer Äußerung sogar ausdrücklich. Die Äußerung aus der 4. Klasse zeigt dagegen, dass das Kind einen Zugang zum

Gedicht und seiner ästhetischen Qualität findet. Mit den ausdifferenzierten Kriterien, die Julia Knopf für die Auswertung der Daten erarbeitet hat, wird dies entsprechend empirisch genau erfasst.

Die Ergebnisse dieser Studie scheinen anderen empirischen Forschungsergebnissen zu widersprechen, z. B. denen von Almuth Meissner, die in ihren Untersuchungen zur Lyrikinterpretation zur Feststellung kommt: »Defizite beim domänenspezifischen Vorwissen wirken sich negativ auf die Qualität der Interpretation aus.« (Meissner 2010, S. 144) Almuth Meissner sieht darin eine Bestätigung vergleichbarer Studien. Ihr Untersuchungsergebnis ist sicher nicht anzuzweifeln; aber man darf nicht den Umkehrschluss ziehen und aus dem Fehlen von Vorwissen folgern, dass alleine schon die Vermittlung von Vorwissen die Interpretationsfähigkeit verbessere. Die Gymnasiasten in Julia Knopfs Studie verfügen über erkenntlich mehr domänenspezifisches Vorwissen als die Grundschulkinder – zu einem besseren literarästhetischen Verstehen hat ihnen das nicht verholfen, im Gegenteil, es hat ihnen den Zugang eher verstellt.

Um die Erscheinungsformen solcher Fehlentwicklung noch zu konkretisieren, gehe ich mit Bezug auf die fachdidaktische Literatur mit einigen Hinweisen auf die einzelnen Typen domänenspezifischen Fachwissens ein.

Gattungswissen

Das Gattungs- und Genrewissen wird in Lehrplänen und Bildungsstandards besonders betont und auch in der Fachdidaktik am meisten thematisiert; so heißt es z. B. im *Taschenbuch des Deutschunterrichts*: »Gattungsdefinitionen haben eine große unterrichtspraktische Bedeutung.« (Pfeiffer 2010, S. 55) In den deutschen Bildungsstandards für den Mittleren Schulabschluss ist zu lesen: »epische, lyrische, dramatische Texte unterscheiden, insbesondere epische Kleinformen, Novelle, längere Erzählung, Kurzgeschichte, Roman, Schauspiel, Gedichte«. Auch ein Entwicklungsmodell für den Erwerb von Gattungswissen ist in der Fachdidaktik vorgeschlagen worden; dabei werden die folgenden drei Stufen unterschieden (Eggen 2002, S. 189; Kämper-van den Boogaart 2008, S. 31):

1. unreflektiert-restriktiv
2. formalisiert-schemaorientiert
3. flexibel-historisch

Schülerinnen und Schüler bleiben meist bei Stufe 2 stecken. Kämper-van den Boogaart hat diese formalisiert-schemaorientierte Auffassung mit folgender Umschreibung, die er einem gedachten Schüler in den Mund legt, veranschaulicht: »Dies ist eine Kurzgeschichte, also [!] wird die Alltagswelt kritisch betrachtet. Als Kurzgeschichte hat auch diese Erzählung ein offenes Ende, das gibt mir, dem Leser, zu denken.« (Kämper-van den Boogaart 2008, S. 32)

Durch eine Prozeduralisierung des Gattungswissens müsste diese formalisiert-schemaorientierte Stufe überwunden werden. Irmgard Nickel-Bacon hat dies im Hinblick auf die Gattung Kurzgeschichte genauer präzisiert. Sie geht davon aus, dass Gattungsmerkmale beim Lesen und Verstehen als rezeptionssteuernde Signale wahrgenommen werden sollen. Bei der Kurzgeschichte seien das Textmerkmale der Aussparung und Andeutung, die eine Aufforderung implizierten, hinter der Fassade eines Alltagsereignisses einen größeren, meist existentiellen Problemzusammenhang zu erschließen (Nickel-Bacon 2008, S. 74). Das klingt einleuchtend, weil so Gattungswissen in Interpretation überführt wird. Aber es bleiben meines

Erachtens zwei Probleme: Erstens besteht die Gefahr, dass man leerformelhafte Schülerargumentationen erhält wie »Der Autor deutet vieles in seiner Geschichte nur an; das zeigt, es geht ihm um ein existenzielles Problem.« Zweitens ist bei der vorgeschlagenen Charakterisierung der Gattung Kurzgeschichte die Trennschärfe zu anderen Gattungen, z. B. zu Märchen und Gedichten, kaum gegeben.

Textanalysewissen

Das Textanalysewissen (als Wissen über sprachliche Gestaltungsmittel verstanden) hat ähnlich wie das Gattungswissen einen hohen Stellenwert in unseren Schulen. Es geht vor allem um Begriffe der Stilanalyse (Metapher, Anapher, Wiederholung usw.), der Erzähltextanalyse oder der Verslehre (Reimschemata, Metrik). Das Hauptproblem besteht darin, dass diese »sprachlichen und formalen Mittel«, wie es in Aufgaben oft heißt, von den Schülerinnen und Schülern meist losgelöst von ihrer Funktion festgestellt werden – die oben zitierte Äußerung aus der 12. Jahrgangsstufe ist dafür ein sprechendes Beispiel.

Vielfältig didaktisch umgesetzt und zugleich umstritten ist das Instrumentarium der Erzähltextanalyse. Die bisher im Deutschunterricht vorherrschende Begrifflichkeit von Franz K. Stanzel (auktoriale, personale, Ich-Erzählsituation) wird zunehmend durch die stärker ausdifferenzierten Kategorisierungen nach Gérard Genette abgelöst, mit denen die Vielfalt erzählerischer Möglichkeiten genauer beschrieben werden kann. So haben Martin Leubner und Anja Saupe (2006) Genettes Modell für den Unterricht weiterentwickelt. Ob sich dieses und andere Modelle, die von Genette ausgehen, in der Schule bewähren, wird sich in den kommenden Jahren zeigen – ausreichende Erfahrungen und empirische Untersuchungen stehen dafür noch aus. Ich sehe eine Reihe von Problemen in der praktischen Umsetzung; exemplarisch greife ich die – zweifellos wichtige – Kategorie der Erzählperspektive heraus. Leubner/Saupe schlagen für die Schule das folgende Modell vor:

> Die Erzählperspektive / der quantitative Point of View kann die folgenden Varianten aufweisen:
> a) der Erzähler sagt mehr als die (Haupt-)Figur weiß
> b) der Erzähler sagt genauso viel wie die (Haupt-)Figur weiß
> c) der Erzähler sagt weniger als die (Haupt-)Figur weiß
>
> (Leubner/Saupe 2006, S. 133; leicht modifiziert in Leubner/Saupe/Richter 2010, S. 100)

Von einem *Erzähler* wird auch dann gesprochen, wenn er im Text nicht in Erscheinung tritt (das wird seit Stanzel so gehandhabt). Korrekter wäre es deshalb, von *Erzählinstanz* zu sprechen – darauf weisen auch Leubner/Saupe hin (2006, S. 122). Schülerinnen und Schüler tun sich schwer damit, Autor und Erzähler zu unterscheiden – das erfahren Lehrerinnen und Lehrer immer wieder. Verwunderlich ist das nicht, wenn man sich klarmacht, dass der Terminus *Erzähler* die Personifikation eines Abstraktums (eben der Erzählinstanz) ist. Die Personifikation wird verstärkt, wenn Leubner/Saupe als Verfahren vorsehen, dass das Erzählerwissen mit dem Wissen der Hauptfigur abgeglichen werden soll (Leubner/ Saupe 2006, S. 141). Es ist für Schülerinnen und Schüler zweifellos befremdlich, wenn einem personifizierten Abstraktum ein Wissen zugeschrieben wird; auch das Verb *wissen* muss ja metaphorisch verstanden werden, sonst müsste man sagen, man könne doch gar nicht beurteilen, was der Erzähler alles wisse, man könne ja nicht in seinen Kopf schauen.

Der qualitative Point of View, der bei Leubner/Saupe ebenfalls eine Rolle spielt, führt zu ähnlichen Schwierigkeiten. Mit ihm soll erfasst werden, ob der Erzähler in objektiver Weise die Außensicht wiedergibt oder ob er die subjektive Sicht der Hauptfigur teilt oder ob er Einblick in die Innenwelt der Figuren hat. Auch dies ist eine metaphorische, personifizierende Redeweise, die nur im Rahmen strikter theoretischer Begrifflichkeit stimmig ist. Man kann dies anhand des Märchens verdeutlichen: Es sagt kaum etwas über die Innenwelt der Figuren aus. Wenn man dieses bekannte stilistische Märchenmerkmal erzählanalytisch so beschreibt, dass der Erzähler keinen Einblick in die Innenwelt der Figuren habe (er sagt nicht, dass die Königstochter traurig oder verzweifelt sei, als ihr die goldene Kugel in den Brunnen rollt, sondern nur, dass sie zu weinen anfängt), könnte man – naiv gesehen – einwenden, dass der Erzähler vielleicht doch von der Innenwelt der Figur wisse, dies aber nicht ausdrücklich kundgebe. Gewiss, solche Spekulationen über das Wissen des Erzählers sind mit dem Analysemodell natürlich nicht intendiert. Aber begreifen die Schülerinnen und Schüler, dass sie die Analysekategorien nur metaphorisch für Strukturmerkmale verstehen dürfen, dass sie also in die Irre geführt werden, wenn sie sich einen Erzähler als Person vorstellen?

Karlheinz Fingerhut geht bezogen auf solche Probleme der Erzähltextanalyse in einem eben erschienenen Aufsatz so weit, dass er die Kategorie des Erzählers grundsätzlich kritisiert; sie sei in keiner Weise hilfreich im Literaturunterricht, es handle sich um ein »schulisches Analyseritual […], bei dem Wissen nicht in Können umgesetzt werden kann«. (Fingerhut 2010, S. 56)

Literaturgeschichtliches (Epochen-)Wissen

Eine schematische Anwendung von Vorwissen ist auch im Umgang mit Epochenwissen immer wieder feststellbar. Karlheinz Fingerhut charakterisiert dies anhand eines Gedichtvergleichs, bei dem die Schülerinnen und Schüler eine Epochenzuordnung vornehmen: »Der Lektüreprozeß ist durchweg affirmativ zum Vorwissen angelegt: Klassische und romantische Textmerkmale sind [...] herauszufinden, also werden die beiden Texte auch so gelesen. Was man über die Epochen gelernt hat, muß das von den Texten eigentlich Gemeinte sein.« (Fingerhut 2006, S. 146) Fingerhut zitiert dazu einen Auszug aus einer studentischen Klausurarbeit, es geht dabei um die dritte Strophe von Eichendorffs *Sehnsucht* (»Sie sangen von Marmorbildern, ...«). In einer Klausur am Ende eines Seminars über klassische und romantische Texte in Lehrwerken wird zu dieser Strophe ausgeführt:

> [...] In Strophe 3 wird ein Bezug zu einer vergangenen Epoche hergestellt. Die Verherrlichung des Lebens im Mittelalter in Form der wartenden Mädchen auf ihren Minnesänger ist die Rückbesinnung auf die Zeit des Mittelalters. [...]
>
> (Fingerhut 2006, S. 147)

Die Studierenden haben im Seminar die Rückbesinnung auf das Mittelalter als Merkmal der Romantik gelernt und interpretieren dies nun in das Gedicht hinein. Etwas Ähnliches geschieht in einer Arbeit zum gleichen Gedicht aus der 13. Jahrgangsstufe, die Abraham zitiert:

> Dieses Gedicht gehört zur Lyrik der Romantik. Es werden Bilder der Natur geschildert, die erst entschlüsselt werden

> müssen. Die Realität ist völlig unwichtig, denn nur das Gefühl herrscht vor, es verabsolutiert sich.
> (Abraham 1994, S. 91)

Dass im Gedicht von Marmorbildern, von Palästen, von Fenstern, aber kaum von Natur die Rede ist, entgeht dem Schreibenden offenbar, denn in der Romantik muss es um Natur gehen. Abraham verweist darüber hinaus in seinem Beitrag darauf, dass die zitierten Sätze auf viele andere Gedichte ebenso anwendbar und deshalb beliebig seien: »[...] eine Erschließung gerade dieses Gedichts wird dadurch weder befördert noch angezeigt. Über jedes andere ›romantische‹ Gedicht könn[t]e man dasselbe schreiben, und genau das geschieht erfahrungsgemäß.« (Abraham 1994, S. 91)

Zitiert sei noch ein weiteres Beispiel, diesmal zu Eichendorffs Gedicht *Wünschelrute*; der Beleg stammt aus der schon zitierten Studie von Julia Knopf. Der oder die Schreiber/in hat sich politisches Wissen zur Romantik angeeignet und projiziert dieses nun in das Gedicht hinein:

> Um was geht es in dem Gedicht überhaupt? Um diese Frage zu beantworten, sollten wir in Betracht ziehen, dass Joseph von Eichendorff ein Künstler der Romantik gewesen ist. Dies bedeutet, dass in diesem Text einige Merkmale der Romantik auftreten. Das Schlafen könnte beispielsweise für das Nachtmotiv stehen. Im Zusammenhang mit diesem Gedicht, welches von diesem schlafenden Lied handelt, könnte schlafen für das Vergessen stehen. Lieder dienen heute wie früher der Unterhaltung, doch wäre es falsch, den einzigen Zweck der Lieder auf die Unterhaltung alleine zu begrenzen. In Liedern wurden auch historische Ereignisse aufgegriffen und dienten so auch der Erinnerung an eventuelle Vorfahren oder die Tradition oder zur Erhaltung des Nationalgefühls.

> Gerade der Traum von einem geeinten Deutschland war ein großes Ziel der Romantiker. Wie wir nun aber aus den ersten zwei Versen hören konnten, ist dieses Lied aber in Vergessenheit geraten. […]
>
> (Knopf 2009, S. 244)

Ist dies die »literaturgeschichtliche Grundbildung«, die sich die Kultusministerkonferenz in den Einheitlichen Prüfungsanforderungen für das Abitur (EPA) vorstellt? Folgende Epochen seien, so die EPA, für diese Grundbildung »wesentlich: Mittelalter, Barock, Aufklärung, Klassik, Romantik, Realismus, ausgehendes 19. Jahrhundert, 20. Jahrhundert sowie Gegenwart. Werke der Antike […] und der Weltliteratur […] sind ergänzend einzubeziehen.« (KMK 2002, S. 6). Ein solches »Orientierungswissen« (KMK 2002, S. 6) führt offensichtlich in der Schulrealität immer wieder zur Desorientierung, weil eine differenzierte Vermittlung dieser fachwissenschaftlich unterschiedlich definierten und umstrittenen Begriffe nicht realistisch ist und die Schülerinnen und Schüler deshalb schlagwortartiges Merkwissen ihren Interpretationen aufpfropfen.

Autorenwissen: Autorkonzepte und biographisches Wissen

Wie Autorenkonzepte unterschiedliche Interpretationserwartungen bei der Aufgabenkonstruktion bewirken, hat Kämper-van den Boogaart sehr anschaulich an einem Aufgabenbeispiel der deutschen Bildungsstandards gezeigt. Es geht um Heines Gedicht »Seraphine 4«; in der Entwurfsfassung der Aufgabe wurde das Erkennen der Ironie als besondere Schülerleistung genannt, in der publizierten Endfassung der Aufgabe gilt dagegen »die Entwicklung zu einer Einheit von Ich, Natur und Liebe« als angemessenere Deutung (Kämper-van den Boogaart 2005, S. 34 f.). Gesteuert sind die beiden Interpretationen, wie Kämper-van den Boogaart sicher zu recht annimmt, von einem unterschiedlichen »Autorschema Heine« (Kämper-van den Boogaart 2005, S. 34). Dies zeigt, wie sehr Beurteilungen von Schülerleistungen vom unterschiedlichen Fachwissen der Beurteilenden abhängig sein können. Wenn Schülerinnen und Schüler dies merken, verlieren sie den Mut, selbstständig aus genauer Textlektüre eine Interpretation zu entwickeln.

Wenn den Schülerinnen und Schülern biographische Information über einen Autor zur Verfügung gestellt wird, kann dies einer motivierenden Textlektüre dienen, weil das literarische Werk durch die Einbettung in einen Lebenskontext wirklichkeitsbezogener wird. Biographisches Wissen, z. B. zum Entstehungskontext eines Werkes, kann aber auch zu reduziertem Verstehen führen. Wenn zu Brechts Gedicht *Der Rauch* (»Das kleine Haus unter Bäumen am See ...«) kommentiert wird, dass es sich um das Haus handle, das Brecht für eine seiner Freundinnen, Käthe Reichel, gekauft habe, dann liest sich das Gedicht plötzlich als verschlüsseltes Liebesgedicht, in welchem der Rauch anzeigt, dass die Geliebte im Haus ist und der Sprecher des Gedichtes sie dort finden kann. Das wäre nicht unbedingt eine falsche, aber eine reduzierende Interpretation des Gedichtes, die nicht die Dimensionen erfasst, die dieses Gedicht so berühmt gemacht haben.

Ein anderes Beispiel für störendes biographisches Wissen hat mir eine Lehrerin berichtet: Bei der Behandlung von Trakl-Gedichten hat eine Schülerin durch eigene Recherchen von Trakls Drogenabhängigkeit erfahren und dies im Unterricht mitgeteilt, wodurch die Klasse die schwer verständlichen Gedichte nur noch als wirren Ausdruck eines Drogensüchtigen einschätzte.

Intertextuelles Wissen

Die neueren literaturwissenschaftlichen Erkenntnisse zur Bedeutung von Intertextualität stellen eine weitere Herausforderung für die Textinterpretation in der Schule dar. Die intertextuellen Wissensbestände, die für das Verstehen literarischer Texte eigentlich wichtig wären, sind bei heutigen Schülerinnen und Schülern zunehmend im Schwinden begriffen; nur rudimentär verfügen sie z. B. über die Kenntnis der antiken Mythen und der biblischen Geschichten, die für die abendländische Literatur bis heute bestimmend sind. Hartmut Eggert hat deshalb die »Institutionalisierung systematischer Vermittlung solcher kultureller Wissensbestände« (Eggert 2002, S. 192) gefordert. Man fragt sich allerdings, woher im Schulunterricht die Zeit dafür genommen werden soll. Angesprochen ist hier die Kanondebatte. Sie nimmt z. T. fast geisterhafte Züge an, wenn neben dem traditionellen Kanon der deutschsprachigen Literatur auch ein Kanon der Kinder- und Jugendliteratur, ein Kanon der Weltliteratur und ein Filmkanon gefordert werden. Was bleibt, ist Frustration bei Lehrkräften und Entmutigung bei Schülerinnen und Schülern.

Von einer besonderen Störung des Verstehens durch intertextuelle Information berichtet Kämper-van den Boogaart (Kämper-van den Boogaart 1997, S. 75 f.): Studierende, die »Das Parfum« von Süskind kulinarisch lustvoll gelesen hatten, waren enttäuscht, als im Seminar die parodistischen Bezüge aufgezeigt wurden. Süskind erschien ihnen nun als Plagiator, der die Leser an der Nase herumführt.

Lösungswege

Wissen/Kontexte zur Verfügung stellen

In den *Einheitlichen Prüfungsanforderungen für die Abiturprüfung* (EPA) wird u. a. für den Umgang mit literarischen Texten gefordert: »Kontextualisierung: z. B. Entwicklung von literaturgeschichtlichen, gattungsgeschichtlichen, geistesgeschichtlichen, biografischen, politisch-sozialen Bezügen« (KMK 2002, S. 16). Eine solche Formulierung lässt offen, ob die Schülerinnen und Schüler über entsprechendes Vorwissen verfügen sollen oder ob die Leistung auch erfüllt werden kann, wenn die Kontextinformation zur Verfügung gestellt wird und damit die Fähigkeit des Herstellens von Bezügen (zwischen Text und vorliegenden Kontexten) geprüft werden soll. In der Beurteilungspraxis herrscht in der Regel das erste Verständnis vor, was dann in vielen Schülerarbeiten zu Trivialisierungen und Spekulationen führt. Um dies zu vermeiden, wäre anzustreben, dass in Prüfungssituationen Kontexte zur Verfügung gestellt werden (z. B. ein Text zum Begriff der Romantik, der dann auf ein Gedicht aus der Epoche zu beziehen ist, oder Informationen zu Brechts Exil, die zur Laotse-Ballade von Brecht in Beziehung gesetzt werden sollen, oder Dokumente zum Weberaufstand bei der Beschäftigung mit Heines Ballade oder Hauptmanns Drama). In Lernsituationen ist die Arbeit mit vorgelegten Kontexten inzwischen durchaus gebräuchlich, wie ein Blick in die Unterrichtsmaterialien zeigt; sie könnte verstärkt auch in Prüfungssituationen realisiert werden.

Das Arbeiten mit vorgelegten Kontexten wird in der didaktischen Diskussion allerdings auch kritisiert, z. B. von Angelika Buß in ihrer umfassenden Arbeit zum intertextuellen Literaturunterricht. Buß hat die publizierten Unterrichtsmodelle zu Süskinds »Parfum« umfassend aufgearbeitet und gezeigt, wie in der Regel Bezugstexte zur Bearbeitung zur Verfügung gestellt werden. Sie sieht darin »kleinschrittige, instruktionsorientierte Vorgaben« (Buß 2006, S. 203), »auf kurzfristige Interpretationsergebnisse zielende Verfahren« (Buß 2006, S. 206), die keine Entwicklung von selbstgesteuertem, kumulativem Lernen, von fachspezifischer Methodenkompetenz und von Metakognition erlaubten (Buß 2006, S. 201 ff.). Buß plädiert für mehr Offenheit bei intertextuellen Aufgaben in der Weise, dass sich die Schülerinnen und Schüler vor eine Problemlösesituation gestellt sehen; zunehmend sollen sie dabei die Fähigkeit erwerben, selbst auf Textsignale zu reagieren und daraufhin intertextuelle Bezüge zu recherchieren. Das ist ein (allzu?, vgl. Kammler 2010, S. 306) anspruchsvolles Programm; im Sinne des kumulativen Lernens wird man davon ausgehen, dass der Weg von der Arbeit mit bereitgestellten Kontexten zur eigenen Recherche gehen muss, wobei die Erwartungen an das selbständige Entdecken von intertextuellen Bezügen nicht zu hoch sein dürfen.

Ein kumulatives Lernen mit dem Ziel, selbst zu erkennen, welche Kontexte hilfreich sein könnten, und sie selbst zu recherchieren, kann nicht nur bei intertextuellen Bezügen, um die es in der Studie von Angelika Buß geht, sondern auch bei anderen Kontextuierungen (biographische, zeitgeschichtliche Informationen usw.) als Leitvorstellung dienen.

Prozedurales Wissen

Meine Bemerkungen zur Kontextualisierung legen den Schwerpunkt auf die Vermittlung von prozeduralem und nicht von deklarativem Wissen: Schülerinnen und Schüler sollen sich Verfahren aneignen, wie man mit Kontexten so umgehen kann, dass sie für das literarische Verstehen hilfreich sind. Die

Frage nach dem prozeduralen Wissen im Literaturunterricht soll nun noch grundsätzlicher beleuchtet werden. Als allgemeine Grundlage für das anzueignende prozedurale Wissen im Literaturunterricht haben Kämper-van den Boogaart und Irene Pieper die Poetizitätskonventionen als Spielregel ästhetischer Kommunikation herausgestellt (vgl. Kämper-van den Boogaart/Pieper 2008, S. 59); die Poetizitätskonventionen beziehen sich auf Aspekte wie Irritation von Erwartungen, Steuerungsfunktion des Erzählers, Aufmerksamkeit für Details. Es geht bei solchem »maximal abstrakte[n] Wissen« (so Winkler 2007, S. 85) nicht um ein deklaratives literaturtheoretisches Wissen (etwa in der Form, dass Schülerinnen und Schüler die einzelnen Aspekte nennen könnten), sondern um ein Wissen, das als Haltung angeeignet werden muss, aus der Verhaltensweisen im Umgang mit literarischen Texten hervorgehen. Das mag sehr abstrakt klingen; unterrichtspraktisch hieße es, dass die Schülerinnen und Schüler z. B. in Bezug auf Ambiguitätstoleranz einen Unterricht erleben, in welchem verschiedene Sichtweisen auf einen Text nebeneinander stehen können, dass sie also damit vertraut werden, dass bei literarischen Texten nicht unbedingt ein einheitliches Interpretationsergebnis herauskommen muss.

Interessant für die Entwicklung prozeduralen Wissens sind Ergebnisse einer empirischen Studie von Iris Winkler. Es geht darin um einen Vergleich der Interpretationsweise von Experten und von Novizen (= Schülerinnen und Schüler). Experten stellen intratextuelle Korrespondenzen übergreifend her, Novizen nur lokal (nur auf einzelne Textstellen beschränkt); das gilt z. B. für Korrespondenzen zwischen der Darstellungs- und der Handlungsebene eines Textes (Winkler 2007, S. 77). Die Schüler kennen z. T. zwar durchaus entsprechende Fachbegriffe, aber diese führen bei ihnen nicht zu vertieftem Verständnis (Winkler 2007, S. 78). Das Wissen bewirkt hier kein Können.

Des Weiteren stellt Winkler fest, dass Experten nicht fragen: »Inwiefern bestätigt der Text meine Vorstellungen bzw. Erwartungen?«, sondern sie fokussieren, was in Differenz zum Vorwissen steht (Winkler 2007, S. 81), sie arbeiten mit »Korrespondenzen und Differenzen« (Winkler 2007, S. 82). Dies lässt sich als flexible Anwendung von Wissen bezeichnen (ein Aspekt, der vor allem von Juliane Köster betont wird, vgl. Köster 2003) oder auch als »adaptive Wissensnutzung« (Köster 2007). Darauf wäre zu achten, wenn das Wissen nicht wirkungslos bleiben soll.

Wie aber kann man flexible Wissensanwendung lehren und lernen? Bei der Beschäftigung mit Gattungsbegriffen könnte dies z. B. darin bestehen, dass bei der Behandlung von Dirk Kurbjuweits Novelle *Zweier ohne* den Schülerinnen und Schülern eine Novellendefinition gegeben wird und sie dann überprüfen, inwiefern diese auf Kurbjuweits Text zutrifft. Oder wenn es um den Begriff der Metapher geht, die in den einschlägigen Fachwissenschaften sehr unterschiedlich definiert wird (Eckhard Rolf behandelt in seiner Überblicksdarstellung 25 Metapherntheorien, vgl. Rolf 2005), werden den Schülerinnen und Schülern drei Definitionen vorgegeben mit der Aufgabe zu überprüfen, ob sie alle drei auf die Metaphorik eines bestimmten Gedichtes anwendbar sind. Dies sei an einem Beispiel veranschaulicht, einem kurzen Gedicht von Sarah Kirsch (Kirsch 2001, S. 237):

Im Sommer
Tautropfen im
Rosennest.

Den Schülerinnen und Schülern könnte man die Vergleichstheorie, die Analogietheorie und die ikonische Theorie in einer kurzen Definition vorlegen (zu diesen Theorien vgl. Spinner

2007) mit der Aufgabe, eine Anwendung auf das Gedicht zu versuchen. Wenn man die Metapher als verkürzten Vergleich versteht, könnte man die Metapher im Gedicht erklären mit dem Satz: Die Blüte der Rose ist wie ein Nest. Wenn die Metapher im Sinne von Aristoteles als Analogie definiert wird, würde man davon sprechen, dass sich die Tautropfen zur Rosenblüte verhalten wie ein Ei zum Nest. Bei einer ikonischen Auffassung ginge es darum, sich die Rose bildlich als Nest vorzustellen.

Bei einem solchen Vorgehen steht nicht im Vordergrund, dass die Schülerinnen und Schüler eine Metapherndefinition lernen, sondern dass sie Definitionen flexibel anwenden, wobei die Begriffsdefinitionen vorgegeben werden (die Schülerinnen und Schüler könnten sie auch selber nachschlagen). In diesem Sinne geht es um prozedurales und nicht um deklaratives Wissen.

Prototypisches Wissen

In den letzten Jahren wird in der Didaktik vermehrt das Lernen über Prototypenbildung betont. Die Grundannahme dabei ist, dass sich das Gehirn Begriffe vor allem mithilfe typischer Beispiele merkt. Man weiß z. B., was man unter einer Fabel versteht, weil man die Vorstellung einer typischen Fabel im Gehirn gespeichert hat. Im Schulunterricht vertraut man mehr auf Merkmalskataloge (in Lehrbüchern oft in Merkkästchen präsentiert) und handelt sich damit die Schwierigkeit ein, dass bei konkreten Beispielen oft nur ein Teil der Merkmale zu finden ist. Beim Prototypenansatz geht man davon aus, dass es immer für einen Begriff typischere und weniger typische Beispiele gibt. Bezogen auf die Frage, was ein Text sei, hat Kirsten Adamzik dies wie folgt konkretisiert: Für die Prototypentheorie: »[…] … ist es daher weniger wichtig […], ob ein Objekt zu einer Kategorie gehört oder nicht – in unserem Fall also: ob etwas ein Text ist oder ein Nicht-Text. Vielmehr geht es eher darum, entscheiden und begründen zu können, ob es ein gutes Beispiel, ein typischer Vertreter der Kategorie ist.« (Adamzik 2004, S. 47) Prototypisches Wissen ist also von vornherein auf flexible Anwendung angelegt.

Das Lernen am Prototyp mag bei der Vermittlung von Gattungsvorstellungen besonders einleuchtend sein, aber es lässt sich ebenso bei anderen Aspekten des Fachwissens realisieren, und zwar von der Grundschule an. Bezogen auf die Metrik können sich die Kinder z. B. für den Trochäus den Kindervers »Hänschen klein« merken; sie können dann bei »Hoppe hoppe Reiter« erkennen und sagen, dass dieser Vers rhythmisch so beginnt wie »Hänschen klein«. Man könnte einwenden, dass dies ja nichts anderes sei, als dass man zu einem Begriff ein Beispiel anführe. Das Entscheidende ist jedoch, dass beim Lernen über Prototypen nicht zuerst eine abstrakte Definition gelernt wird, für die dann ein Beispiel gesucht wird, und dass auch nicht das Beispiel im Sinne einer induktiven Erarbeitung nur den Weg zur abstrakten Definition bildet, sondern dass die prototypische Vorstellung das gespeicherte Begriffswissen ausmachen soll.

Dass schon Kinder über prototypisches Wissen z. B. zu Gattungen verfügen, zeigt sich, wenn sie Märchen schreiben und dabei typische erzählerische Mittel realisieren. Ihr Wissen ist dabei weitgehend implizit; auch dies ist kennzeichnend für prototypisches Wissen: Es ist als implizites Wissen verankert und kann in unterschiedlichem Maße explizit werden. Auf eine solche Verknüpfung von implizitem und explizitem Wissen weisen z. B. Juliane Köster und Cornelia Rosebrock in einer Publikation hin, die sich auf die Bildungsstandards für die Grundschule bezieht. Sie bezeichnen das Textsortenwissen als

»erheblichen Teil von Lesekompetenz« und argumentieren dabei u.a. mit dem Beispiel, dass Grundschulkinder Märchen weiterschreiben können, also eine Vorstellung der Textsorte haben, und fahren dann fort: »Es gibt überzeugende Gründe dafür, solche Strukturen von Textsorten explizit mit Grundschulkindern zu erarbeiten und anhand von einfachen Strukturschemata an der Tafel transparent zu machen« (Köster/Rosebrock 2009, S. 114). Man mag sich hier allerdings fragen, ob in einer solchen Argumentation nicht eine Unterschätzung des impliziten prototypischen Wissens steckt; Didaktiker(innen) sind offenbar erst dann zufrieden, wenn Wissen durch Abstraktion explizit gemacht wird. Ergebnisse empirischer Untersuchungen geben hier eher Anlass zur Skepsis, man vergleiche den Hinweis von Joan Peskin, »that explicit instruction may not provide notable benefits until at least 9th grade« (vgl. Peskin 2010, S. 98).

Aktivierung von Vorstellungsbildern

Prototypisches Wissen ist auf Vorstellungsbildung angewiesen: Man verfügt über einen Begriff, weil man eine Vorstellung von einem typischen Beispiel hat. In den Köpfen von Schülerinnen und Schülern gibt es viele Vorstellungsbilder, wesentlich mehr als angeeignete Definitionen von Begriffen. Wenn in der kognitivistischen Lernpsychologie betont wird, dass jedes Lernen auf einer Verknüpfung mit Vorwissen beruht, dann muss es vor allem darauf ankommen, die Vorstellungsbilder der Schülerinnen und Schüler zu aktivieren und für das Lernen fruchtbar zu machen. Barbara Schubert-Felmy hat dies zu einem Grundprinzip ihres didaktischen Ansatzes gemacht und in mehreren Publikationen konkrete erprobte Unterrichtsmodelle dazu vorgestellt. In einer sechsten Gymnasialklasse hat sie z. B. die Schülerinnen und Schüler zunächst Vorstellungen zum Motiv Fenster sammeln lassen, wobei es vor allem um Alltagserfahrungen ging, etwa das Fenster des Klassenraums; dann hat Barbara Schubert-Felmy elf Textstellen aus literarischen Texten (vor allem aus Märchen und aus Texten von Astrid Lindgren) ausgegeben. Neun dieser elf Textausschnitte konnten von den Kindern den entsprechenden Büchern bzw. Geschichten zugeordnet werden (Schubert-Felmy 2001, S. 103 ff.). Ein solches Vorgehen setzt beim vorhandenen Vorwissen an, vermeidet also die Frustration der Negativerfahrung des Nichtwissens; ferner wird fachliches Vorwissen (Zuweisung der Textstellen) mit alltäglichem Erfahrungswissen verbunden; und nicht zuletzt wird ein intertextuelles Bewusstsein geschaffen.

Szenisches (episodisches) Wissen

In kognitionspsychologischer Sicht ist noch eine weitere Wissensform für Lernprozesse wichtig: Unser Gehirn speichert vor allem Szenen, nicht einzelne Daten (das prototypische Wissen liegt sozusagen zwischen dem Behalten von Einzelheiten und dem Speichern von Szenen). Unter Szenen sind in diesem Zusammenhang Situationen zu verstehen, die einem im Hinblick auf einen bestimmten Erfahrungswert in Erinnerung bleiben. Welche Rolle dies für das literarische Lernen spielen kann, sei anhand einer persönlichen Erfahrung veranschaulicht. Im Deutschunterricht meiner Gymnasialzeit ging der Lehrer bei Kleists *Michael Kohlhaas* auf die Eingangsszene der Novelle ein und wies auf den Satz hin: »Der Burgvogt, indem er sich noch eine Weste über seinen weitläufigen Leib zuknöpfte, kam und fragte, schief gegen die Witterung gestellt, nach dem Paßschein.« (Kleist 1979, S. 4) Dieses »schief gegen die Witterung gestellt« als Gegensatz zum aufrechten Kohlhaas, der unbeeindruckt von der Witterung dasteht, war für mich eine zündende Erkenntnis im Hinblick darauf, wie die Beschreibung der Haltung einer Figur diese charakterisiert; für die Einsicht in die Funktionalität literarischer Beschreibungen und in die Verfahren der Figurencharakterisierung ist das für mich bis heute eine Schlüsselszene, in der sich die erinnerte Unterrichtssituation mit der in der Novelle erzählten Szene verbindet. Von einer ähnlichen Schlüsselerfahrung hat kürzlich eine Lehrerin in einer meiner Fortbildungen berichtet, bezogen auf Borcherts *Nachts schlafen die Ratten doch*; in einer Deutschstunde sei der Gegensatz von grauem Schutt und grünem Kaninchenfutter, die Bedeutung der Sonne bei dieser Textstelle und die damit verbundene symbolische Bedeutungserweiterung hinsichtlich Tod und Leben für sie ein Aha-Erlebnis gewesen, das der eigentliche Auslöser dafür geworden sei, Deutschlehrerin werden zu wollen.

Das im szenischen Gedächtnis gespeicherte Wissen ist die wohl wirksamste, nachhaltigste Form von Wissen. In Zeiten, wo im Zeichen der Kompetenzorientierung immer feiner ausdifferenzierte Kompetenzmodelle aufgestellt werden, droht dies aus dem Blick zu geraten. Da szenisches Wissen stark subjektiv geprägt und kaum abfragbar ist, sind seiner Vermittlung und Überprüfung Grenzen gesetzt. Aber einige Unterrichtsvoraussetzungen dafür, dass es entstehen kann, lassen sich formulieren: inhaltliches Engagement der Lehrkraft verbunden mit einer wachen Aufmerksamkeit für die Schülerbeiträge, Schaffung von konzentrierter Arbeitsatmosphäre verbunden mit Offenheit für Kreativität, exemplarisches Arbeiten an ergiebigen Beispielen.

Schluss

Als Schluss sei noch ein Aspekt genannt, der in einem Beitrag, der von Wissensvermittlung handelt, leicht untergeht: Es sollte im Unterricht nicht nur darum gehen, den Schülerinnen und Schülern (deklaratives, prototypisches, szenisches …) Wissen zu vermitteln, sondern sie sollten auch die Erfahrung machen, dass es spannend ist, Wissen selbst zu recherchieren. Für lebenslanges Lernen ist das der wichtigste Beitrag, den Schule leisten kann.

Literatur

Abraham, Ulf: Lesarten – Schreibarten. Formen der Wiedergabe und Besprechung literarischer Texte. Stuttgart [u. a.]: Klett, 1994.

Adamzik, Kirsten: Textlinguistik. Eine einführende Darstellung. Tübingen: Niemeyer, 2004.

Buß, Angelika: Intertextualität als Herausforderung für den Literaturunterricht. Am Beispiel von Patrick Süskinds *Das Parfum*. Frankfurt a. M. [u. a.]: Lang, 2006.

Eggert, Hartmut: Literarische Texte und ihre Anforderungen an die Lesekompetenz. In: Norbert Groeben / Bettina Hurrelmann (Hrsg.): Lesekompetenz. Bedingungen, Dimensionen, Funktionen. Weinheim/München: Juventa, 2002. S. 186–194.

Fingerhut, Karlheinz: Literaturunterricht über Kompetenzmodelle organisieren? Zu Gedichten von Schiller und Eichendorff (9./10. Schuljahr). In: Clemens Kammler (Hrsg.): Literarische Kompetenzen – Standards im Literaturunterricht. Modelle für die Primar- und Sekundarstufe. Stuttgart/Seelze: Klett/Kallmeyer, 2006. S. 134–156.

Fingerhut, Karlheinz: Wo ist der Autor, wenn sein Held stirbt? Über den Erzähler als Maske und Marionette des Autors. Erzähldidaktik im Literaturunterricht der Sekundarstufen. In: Claudia Albes / Anja Saupe (Hrsg.): Vom Sinn des Erzählens. Geschichte, Theorie und Didaktik. Frankfurt a. M. [u. a.]: Lang, 2010. S. 45–71.

Kammler, Clemens: Intertextueller Literaturunterricht. In: Volker Frederking [u. a.] (Hrsg.): Taschenbuch des Deutschunterrichts. Band 2. Baltmannsweiler: Schneider Hohengehren, 2010. S. 299–310.

Kämper-van den Boogaart, Michael: »Ach, unterhalte mich doch ein bißchen …« Eine Variante zum Thema »Postmoderner Lesespaß und Schule«. In: M. K.-v. d. B.: Das Literatursystem der Gegenwart und die Gegenwart der Schule. Festschrift für Werner Schlotthaus zur Emeritierung. Baltmannsweiler: Schneider Hohengehren, 1997. S. 63–83.

Kämper-van den Boogaart, Michael: Läßt sich normieren, was als literarische Bildung gelten soll? Eine Problemskizze am Beispiel von Brechts Erzählung *Der hilflose Knabe*. In: Heidi Rösch (Hrsg.): Kompetenzen im Deutschunterricht. Beiträge zur Literatur-, Sprach- und Mediendidaktik. Frankfurt a. M. [u. a.]: Lang, ²2008. S. 27–50.

Kämper-van den Boogaart, Michael / Pieper, Irene: Literarisches Lesen. In: Didaktik Deutsch 13 (2008) Sonderheft. S. 46–65.

KMK (Kultusministerkonferenz): Einheitliche Prüfungsanforderungen in der Abiturprüfung Deutsch. Beschluss vom 1. 12. 1889 i. d. F. vom 24. 5. 2002. München/Neuwied: Luchterhand, 2003.

Kirsch, Sarah: Schwanenliebe. Zeilen und Wunder. Stuttgart: DVA, 2001.

Kleist, Heinrich: Michael Kohlhaas. Mit Materialien. Ausgew. und eingel. von Rainer Siegle. Stuttgart: Klett, 1979.

Knopf, Julia: Literaturbegegnung in der Schule. Eine kritisch-empirische Studie zu literarisch-ästhetischen Rezeptionsweisen in Kindergarten, Grundschule und Gymnasium. München: Iudicium, 2009.

Köster, Juliane: Die Bedeutung des Vorwissens für die Lesekompetenz. In: Ulf Abraham [u. a.] (Hrsg.): Deutschdidaktik und Deutschunterricht nach PISA. Freiburg: Fillibach, 2003. S. 90–105.

Köster, Juliane: Kompetenzerwerb und Wissensnutzung im Literaturunterricht. In: Seminar. Lehrerbildung und Schule 13 (2007) H. 4. S. 22–34.

Köster, Juliane: Aufgabentypen für Erfolgskontrollen und Leistungsmessung im Literaturunterricht. In: Michael Kämper-van den Boogaart / Kaspar H. Spinner (Hrsg.): Lese- und Literaturunterricht. Tl. 3. Baltmannsweiler: Schneider Hohengehren, 2010. S. 3–26.

Köster, Juliane / Rosebrock, Cornelia: Lesen – mit Texten und Medien umgehen. In: Albert Bremerich-Vos [u. a.] (Hrsg.): Bildungsstandards für die Grundschule: Deutsch konkret. Berlin: Cornelsen Scriptor, 2009. S. 104–138.
Leubner, Martin / Saupe, Anja: Erzählungen in Literatur und Medien und ihre Didaktik. Baltmannsweiler: Schneider Hohengehren, 2006.
Leubner, Martin / Saupe, Anja / Richter, Matthias: Literaturdidaktik. Berlin: Akademie, 2010.
Meissner, Almuth: Domänenspezifisches Vorwissen und literarisches Verstehen. Erste Ergebnisse einer qualitativ-empirischen Studie zur Interpretation von Lyrik. In: Iris Winkler / Nicole Masanek / Ulf Abraham (Hrsg.): Poetisches Verstehen. Literaturdidaktische Positionen – empirische Forschung – Projekte aus dem Deutschunterricht. Baltmannsweiler: Schneider Hohengehren, 2010. S. 133–147.
Nickel-Bacon, Irmgard: Kurzprosagattungen und literarische Lesekompetenz. Überlegungen zur Prozeduralisierung des Gattungswissens. In: Didaktik Deutsch 13 (2008) Sonderheft. S 66–77.
Peskin, Joan: The Development of Poetic Literacy During the School Years. In: Discourse Processes 47 (2010) H. 2. S. 77–103.
Pfeiffer, Joachim: Literarische Gattungen im Literaturunterricht. In: Volker Frederking [u. a.] (Hrsg.): Taschenbuch des Deutschunterrichts. Bd. 2. Baltmannsweiler: Schneider Hohengehren, 2010. S. 54–70.
Rolf, Eckard: Metaphertheorien. Typologie, Darstellung, Bibliographie. Berlin / New York: de Gruyter, 2005.
Schubert-Felmy, Barbara: Wege der Imagination – Lesewege. Augsburg: Wißner, 2001.
Spinner, Kaspar H.: Theorien der literarischen Metaphorik. In: Hans Vilmar Geppert / Hubert Zapf (Hrsg.): Theorien der Literatur. Grundlagen und Perspektiven. Bd. 3. Tübingen/Basel: Francke, 2007. S. 81–89.
Stark, Tobias: Zur Interaktion von Wissensaktivierung, Textverstehens- und Bewertungsprozessen beim literarischen Lesen – Erste Ergebnisse einer qualitativen empirischen Untersuchung. In: Iris Winkler / Nicole Masanek / Ulf Abraham (Hrsg.): Poetisches Verstehen. Literaturdidaktische Positionen – empirische Forschung – Pro-

jekte aus dem Deutschunterricht. Baltmannsweiler: Schneider Hohengehren, 2010. S. 114–132.
Willenberg, Heiner: Kompetenzen brauchen Wissen. Teilkompetenzen beim Lesen und Verstehen. In: Hansjörg Witte [u. a.] (Hrsg.): Deutschunterricht zwischen Kompetenzerwerb und Persönlichkeitsbildung. Baltmannsweiler: Schneider Hohengehren, 2000. S. 69–84.
Winkler, Iris: Welches Wissen fördert das Verstehen literarischer Texte? Zur Frage der Modellierung literarischen Wissens für den Deutschunterricht. In: Didaktik Deutsch 12 (2007) H. 22. S. 71–88.

Empathie beim literarischen Lesen und ihre Bedeutung für einen bildungsorientierten Literaturunterricht

Die Erzeugung von Empathie beim Leser gilt in der Literaturtheorie als wesentlicher Aspekt von Literarizität.[1] In den folgenden Ausführungen soll dargelegt werden, mit welchen Verfahren dies in Texten erfolgt und mit welchen literaturdidaktischen Methoden empathisches Verstehen unterstützt werden kann. Ergänzend wird die Frage der Grenzen von Empathie im literarischen Verstehen anhand des Begriffs der Alterität erläutert.

Mit dem Begriff der Empathie beschäftigen sich verschiedene wissenschaftliche Disziplinen, vor allem die Psychologie und die Philosophie; in neuerer Zeit sind insbesondere die Neurowissenschaft, die Narrationsforschung und die Forschung zur *Theory of Mind* wichtig geworden. Eine einheitliche Definition von Empathie gibt es nicht. Mit Suzanne Keen kann man Empathie erklären mit dem Satz »I feel what you feel«;[2] angewendet auf das literarische Verstehen heißt das: »Ich fühle, was die literarische Figur fühlt.« Das ist eine vorläufige Definition, die sich durch genauere erzähltheoretische und rezeptionsästhetische Betrachtung ausdifferenziert. Verwandte Begriffe sind ›Einfühlung‹ und ›Perspektivenübernahme‹, die manchmal sogar bedeutungsgleich mit ›Empathie‹ verwendet werden.

1 Vgl. zur ›Wiederkehr der Empathie‹ in der Narrationsforschung seit 2000: Claudia Breger / Fritz Breithaupt, »Einleitung«, in: C. B. / F. B. (Hrsg.), *Empathie und Erzählung*, Freiburg i. Br. / Berlin / Wien 2010, S. 8–20.

2 Suzanne Keen, *Empathy and the Novel*, Oxford / New York 2007, S. 5.

Bei historischer Betrachtung des Empathiebegriffs geht man in der Regel auf Adam Smith zurück, auf seine *Theory of Moral Sentiments* (*Theorie der ethischen Gefühle*) von 1759. Gleich das 1. Kapitel handelt »Von der Sympathie«; das ist im 18. Jh. der Vorläuferbegriff für Empathie. Smith schreibt: »Da wir keine unmittelbare Erfahrung von den Gefühlen anderer Menschen besitzen, können wir uns nur so ein Bild von der Art und Weise machen, wie eine bestimmte Situation auf sie einwirken mag, dass wir uns vorzustellen suchen, was wir selbst wohl in der gleichen Lage fühlen würden.«[3] Für literaturtheoretische Überlegungen interessant ist hier die Rolle, die Smith der Vorstellungsfähigkeit zuschreibt. Hier ergibt sich ein Bezug zur Wirkung von Literatur. Smith selbst sagt zur Rezeption von Romanen und Tragödien: »Bei allen Affekten [...] entsprechen die Gemütsbewegungen des Zuschauers immer dem Bilde, das dieser sich von den Empfindungen des Leidenden macht, indem er sich in dessen Fall hineindenkt.«[4] Lessing las die Schrift von Smith und griff vor allem den Begriff des Mitleids auf. Man kann Lessings Mitleidtheorie als eine Vorstufe der heutigen literaturwissenschaftlichen Empathietheorie sehen. Allerdings sind zwei Unterschiede zwischen dem Mitleid- und dem Empathiebegriff festzuhalten: Mitleid heißt nach Lessing nicht, dass man das fühlt, was die literarische Figur fühlt. Der Leser leidet nicht wie der Held, sondern er hat Mitleid mit dem Helden, weil dieser leidet. Zweitens bezieht sich der Begriff der Empathie und auch schon der der Sympathie bei Smith auf alle Gefühle z. B. auch auf Freude.

Der Empathie ist immer wieder eine moralische Wirkung

3 Adam Smith, *Theorie der ethischen Gefühle*, auf der Grundlage der Übers. von Walther Eckstein neu hrsg. von Horst D. Brandt, Hamburg 2010, S. 5 f.

4 Ebd. S. 8.

zugeschrieben worden (sog. Empathie-Altruismus-These); auch viele Schriftsteller(innen) gehen von einer solchen Wirkung aus. Aber ob aus empathischer Literaturrezeption tatsächlich ein moralisch besseres Handeln folgt, ist empirisch bislang nicht erwiesen.[5] Eine gewisse Plausibilität kann man vielmehr auch der These zusprechen, dass Fiktion von Handlungsdruck und Verantwortung entlaste, man sich gerade deshalb bereitwillig auf empathisches Lesen einlasse und sich so in der Fähigkeit übe, es beim Mitfühlen bewenden zu lassen.

Die jüngste Diskussion zum Empathiebegriff ist, auch in der Literaturwissenschaft, beeinflusst von der Neurowissenschaft, und zwar von der Entdeckung der Spiegelneuronen, jener Gehirnzellen, die aktiv werden (›feuern‹, sagen die Neurowissenschaftler), wenn man eine Handlung selbst durchführt, bei jemandem beobachtet oder sie sich vorstellt.[6] Man kann hier von einem körperlichen Imitationsprozess sprechen. Von den Spiegelneuronen geht, so die Neurowissenschaft, die Reaktion zum Emotionszentrum und von da auch zur kognitiven Verarbeitung. Man mag die weitreichenden Folgerungen, die aus der Entdeckung der Spiegelneuronen gezogen werden, mit Recht etwas skeptisch beurteilen. Aber sie kann mindestens ein Argument dafür sein, dass man Empathie als ein mehrschichtiges, nämlich körperliches, emotionales und kognitives Phänomen zu betrachten hat.

Dem Begriff der Empathie verwandt ist der Begriff der Perspektivenübernahme, englisch *perspektive taking*, der in der

5 Ausführlich geht Keen darauf ein, vgl. Keen (s. Anm. 2).

6 Vgl. Marco Iacoboni, *Woher wissen, was andere denken und fühlen. Das Geheimnis der Spiegelneuronen*, aus dem Engl. von Susanne Kuhlmann-Krieg, München 2011; Gerhard Lauer, »Spiegelneuronen. Über den Grund des Wohlgefallens an der Nachahmung«, in: Karl Eibl / Katja Mellmann / Rüdiger Zymner (Hrsg.), *Im Rücken der Kulturen*, Paderborn 2007, S. 137–163.

Tradition von Piagets Kognitionspsychologie steht und heute unter dem Begriff der *Theory of Mind* untersucht wird im Hinblick auf die Frage, wann das Kind erkennen kann, dass andere Menschen eigene Vorstellungen und Sichtweisen haben, und es damit über eine *Theory of Mind* verfügt. Perspektivenübernahme und *Theory of Mind* beziehen sich auf kognitive, nicht auf emotionale Prozesse. Oft werden Empathie und Perspektivenübernahme allerdings auch synonym verwendet. Das Nebeneinander der beiden Begriffe ist Ausdruck davon, dass hier zwei Forschungstraditionen, nämlich Kognitions- und Emotionsforschung, zusammenkommen. In der Neurowissenschaft, die für die Erforschung von Empathie immer wichtiger wird, geht man davon aus, dass die affektive Empathie und die kognitive Perspektivenübernahme in unterschiedlichen Hirnarealen aktiviert werden.[7] In konkreten Lesesituationen verbinden sich jedoch in der Regel kognitive und affektive Prozesse; wenn man mit einer Figur mitfühlt, denkt man in der Regel auch über ihr Verhalten nach, und umgekehrt kann eine kognitiv aufgenommene oder erschlossene Information z. B. über die Gründe für die Wut einer Figur, Empathie erst ermöglichen. In meinen folgenden Ausführungen gehe ich davon aus, dass der Begriff ›Empathie‹ immer eine emotionale Wirkung einschließt und dass die damit verbundenen imaginativen und kognitiven Verarbeitungsprozesse im Begriff mitgemeint sind.

7 Vgl. Paul B. Armstrong, *How Literature Plays with the Brain. The Neuroscience of Reading and Art*, Baltimore 2013, S. 146 f. Heftig kritisiert werden die Trennung von Emotion und Kognition und die Zuordnung der Empathie zur Emotion vom Literaturdidaktiker Olsen, vgl. Ralph Olsen, »Das Phänomen ›Empathie‹ beim Lesen literarischer Texte. Eine didaktisch-kompetenzorientierte Annäherung«, in: *zeitschrift ästhetische bildung* 3 (2011) Nr. 1 [http://zaeb.net/wordpress/wp-content/uploads/2020/12/41-166-1-PB.pdf, Stand: 11. 2. 2022].

Letzteres ist der Grund, warum es sinnvoll ist, Empathie nicht mit Einfühlung gleichzusetzen (im Englischen wird Einfühlung mit *empathy* übersetzt). ›Einfühlung‹ als emotionsbezogener Begriff ist bei solcher Unterscheidung enger gefasst als der Begriff der ›Empathie‹, zugleich aber auch weiter, weil man sich auch in eine Landschaft einfühlen kann, während man den Begriff der Empathie auf den zwischenmenschlichen Bereich beschränkt. In literaturtheoretischer Sicht kann man Einfühlung, wenn sie sich auf Figuren bezieht, als Teilprozess von Empathie bezeichnen. Wichtig ist, dass Empathie das Bewusstsein einschließt, dass es um ein Fremdverstehen geht. Deshalb gehören zur Empathie Einfühlung und Alteritätserfahrung; was dies konkret für die Literatur und ihr Verstehen bedeutet, wird im Folgenden mit Bezug auf die einschlägige Forschung erläutert.

1. Wie Literatur Empathie vermittelt

In literaturtheoretischer Sicht kann man sechs Verfahren unterscheiden, mit denen empathisches Verstehen erzeugt wird. Ihnen entsprechen Verstehensanforderungen, die literaturdidaktisch von Bedeutung sind. Um diesen Zusammenhang zu verdeutlichen, weise ich bei allen sechs literarischen Verfahren, die ich im Folgenden darstelle, auf entsprechende methodische Unterrichtsaspekte hin.

1.1 Held und Gegenspieler

Das seit je am meisten verwendete literarische Verfahren zur Empathieerzeugung ist die Gegenüberstellung von gutem Helden und bösem Gegenspieler, z. B. von Rapunzel und Hexe,

Harry Potter und Lord Voldemort oder Karl und Franz Moor. Fritz Breithaupt, der dieses Empathiemodell besonders ausführlich untersucht hat, spricht von der »Parteinahme in Dreierszenen« als »Grundtypus der narrativen Empathie«.[8] Man nimmt als Leser Partei für den Helden, weil er von einem Gegenspieler bedroht ist. Man kennt ähnliche Mechanismen auch in außerliterarischen sozialen Zusammenhängen. Ein Fußballspiel ist für die meisten Zuschauer nur dann mit großer Emotion verbunden, wenn sie für eine Mannschaft Partei ergreifen; das muss nicht mit moralischer Wertung einhergehen, wie das in der Literatur mit Held und Gegenspieler meist der Fall ist. Dass die Literatur eine Parteinahme durch die Konfrontation von Gut und Böse nahelegt, zeigt eine Gefahr ihrer empathischen Wirkung: Sie kann Feindbilder unterstützen. Das Problem kennen viele Lehrerinnen und Lehrer von der Lektüre des *Oliver Twist* von Dickens. Der Jude Fagin, der Oliver quält und ihn zum Verbrecher machen will, ist mit den Stereotypen ausgestattet, die immer wieder auf Juden projiziert werden. Dadurch können bei den Lesern antisemitische Vorurteile unterstützt werden.

Ein weiteres Problem des literarischen Held-Gegenspieler-Verfahrens besteht darin, dass der Leser, wenn seine mitfühlende Parteinahme als Reaktion auf den bedrohlichen Gegenspieler erfolgt, den Helden nur in seiner Opferrolle sieht, ohne ihn wirklich zu verstehen.[9] So kann ein Gegenspieler, der besonders bösartig gezeichnet ist, die Empathie mit dem Helden als Opfer u. U. stärker unterstützen als eine genaue Charakteri-

8 Fritz Breithaupt, *Kulturen der Empathie*, Frankfurt a. M. 2009, S. 13.

9 Vgl. Roy Sommer, »Other Stories, Other Minds. The Intercultural Potential of Cognitive Approaches to Narrative«, in: Lars Bernaerts [u. a.], *Stories and Minds. Cognitive Approaches to Literary Narrative*, Lincoln [u. a.] 2013, S. 155–174, hier S. 160.

sierung des Letzteren. In nicht wenigen literarischen Werken ist auch der Gegenspieler als Charakter interessanter als der Held.

Im Unterricht sollte das Held-Gegenspieler-Modell in seiner empathischen Wirkung bewusst gemacht werden. Dies kann mit der Erarbeitung der Figurenkonstellation eines Textes verbunden werden. Man sollte zunächst an Texten mit sehr klarer Held-Gegenspieler-Struktur auf das Problem eingehen, dann aber auch Texte untersuchen, die eine komplexere Figurenkonstellation aufweisen, z. B. mit mehreren, eventuell sogar anonymen Gegenspielern, man denke an den *Process* von Kafka.

Wichtig ist, dass im Unterricht auch Texte mit gemischten Charakteren behandelt werden. Kleists Novelle *Michael Kohlhaas* ist ein Paradebeispiel für einen Helden, dem der Leser durch die Auseinandersetzung mit dem Gegenspieler Junker von Tronka Empathie entgegenbringt, eine Empathie allerdings, die durch das mörderische Verhalten von Kohlhaas dann auf die Probe gestellt wird.

1.2 *Lebensgeschichten*

Ein narratives Mittel, dem Leser Einstellungen und Handlungsmotive von Figuren verstehbar zu machen, ist das Erzählen der Lebensgeschichten. So verstehen wir die Reaktionen und Gefühle von Kohlhaas, weil wir erfahren, was er erlebt hat. Ein Text, den man als geradezu programmatisch für empathisches Verstehen durch erzählte Lebensgeschichte bezeichnen kann, ist Schillers *Verbrecher aus verlorener Ehre*, in dem die Handlungsmotive eines Mörders erklärt werden. Schiller begründet sein Vorgehen mit folgenden Worten: »[...] wir müssen mit ihm [dem Helden] bekannt werden, eh er handelt, wir müssen ihn seine Handlung nicht bloß *vollbringen*, sondern auch *wollen* sehen. An seinen Gedanken liegt uns unendlich mehr als an seinen Taten, und noch weit mehr an den Quellen seiner Gedanken als an den Folgen jener Taten.«[10] Schiller will nicht »das Herz [des] Lesers durch hinreißenden Vortrag.«[11] bestechen, sondern »Seelenkunde«[12] vermitteln. Aber durch die anschauliche Schilderung des Lebenslaufes des Helden wird dessen Verhalten für den Leser nicht nur verstehbar, sondern auch emotional im Sinne von Empathie nachvollziehbar. Durch den Bildungsroman und die realistischen Romane des 19. Jahrhunderts ist das Erzählen von Lebensgeschichten dann zu einem vielfältig variierten Modell für empathische Wirkung von Literatur geworden.

Im Literaturunterricht kann die Rekonstruktion von Lebensgeschichten im Rahmen der Charakterisierung von Figuren erfolgen und damit eine reflektierte Empathie unterstützen. Die Charakterisierung darf, wenn sie unter dieser Zielsetzung gesehen wird, nicht nur beschreibend erfolgen, sondern soll lebensgeschichtliche Zusammenhänge erschließen. Als Leitfrage könnte man formulieren: Warum ist einer so geworden, wie er ist?

Eine stärker imaginativ-emotionale Verarbeitung ermöglichen produktionsorientierte Verfahren. Das Schreiben eines Briefes, den eine Figur zur Erklärung eines überraschenden Entschlusses geschrieben haben könnte, ist dafür ebenso ein Beispiel wie ein Rollenspiel, in dem sich ein Psychologe mit einer Figur über die Hintergründe einer Tat unterhält. Ferner sind Rollenbiografien, wie sie Ingo Scheller in die deutschdi-

10 Friedrich Schiller, *Sämtliche Werke*, Bd. 5, hrsg. von Gerhard Fricke und Herbert G. Göpfert, München [4]1967, S. 14 f.

11 Ebd., S. 14.

12 Ebd., S. 15.

daktische Diskussion eingeführt hat, hier einschlägig. Gemeint ist mit einer Rollenbiographie, dass die Schüler(innen) in Ich-Form einen Text schreiben, in dem sie sich als eine Figur des Textes vorstellen.[13]

1.3 *Komplikation und Dilemmasituationen*

Die Komplikation mit anschließender Lösung gilt in der strukturalistischen Literaturtheorie als eine zentrale Kategorie narrativer und dramatischer Texte; sie steht auch in einem Bezug zur empathischen Wirkung von Literatur. Durch die Komplikation ergeben sich Situationen des Erschreckens, der Angst, des Leids, der Minderwertigkeitserfahrung, der Sehnsucht usw., die empathische Leserreaktionen auslösen können: Eine geliebte Person ist schon vergeben, ein Junge wird zum gemobbten Außenseiter, der zu besiegende Drache ist gefährlich. Besonders wenn die Komplikation mit menschlichen Grunderfahrungen zu tun hat, ist die empathische Wirkung groß – der Leser sieht in der Figur, was seinen eigenen Erfahrungen entspricht. Auch dass durch das Eintreten einer Komplikation Spannung erzeugt wird, verstärkt das subjektive emotionale Beteiligtsein des Lesers. Es verbindet sich mit einem Nachdenken darüber, wie der Held sich nun verhalten werde oder was man selbst machen würde, wenn man in seiner Situation wäre. Besonders stark kann ein solches Rezeptionsverhalten in moralischen Dilemmasituationen sein, in denen der Held zwischen zwei Handlungsmöglichkeiten zu wählen hat, die beide

13 Vgl. Ingo Scheller, *Szenische Interpretation. Theorie und Praxis eines handlungs- und erfahrungsbezogenen Literaturunterrichts in Sekundarstufe I und II*, Seelze ²2008, S. 61 ff.

aus moralischen Gründen sowohl gerechtfertigt als auch in Frage gestellt werden können.

Als eine literarische Gattung, bei der den Situationen der Komplikation eine besondere Rolle für empathische Wirkung zukommt, kann das Märchen gelten. Es vermittelt explizit fast keine Innensicht und enthält entsprechend keine Gefühlsbeschreibungen. Alles ist auf die »Fläche der Handlung«[14] bezogen. Aber es erzählt von Situationen der Verlassenheit und der Gefahr, die vom Hörer bzw. Leser miterlebt werden. Suzanne Keen nennt diese Form von Empathie entsprechend *situational empathy*.[15] In der psychologischen Forschung spricht man von der ›Simulationstheorie der Empathie‹;[16] nach ihr beruht Empathie darauf, dass man sich in die Situation des anderen hineinversetzt. So hat schon Adam Smith, wie oben gezeigt, argumentiert. In literarischen Texten sind es die Situationen der Handlungskomplikation, die den Leser in besonderem Maße zu einem imaginativen Hineinversetzen anhalten.

Unterrichtsmethodisch sind Situationen, in denen sich aufgrund einer Komplikation eine Figur in einer Entscheidungssituation befindet, für die Entwicklung des empathischen Verstehens ausgesprochen ergiebig. Sie geben Anlass für Unterrichtsgespräche, z. B. über die Frage, was die Figur in dieser Situation fühlt und denkt und was sie nun tun werde oder tun sollte. In ihrer Erzähldidaktik haben Leubner und Saupe die folgenden hier einschlägigen Fragen vorgeschlagen:

14 Max Lüthi, *Märchen*, Stuttgart [8]1990, S. 30.
15 Keen (s. Anm. 2), S. 80.
16 Zu den verschiedenen Ansätzen der »simulation theory« vgl. Karsten R. Stueber, *Rediscovering Empathy. Agency, Folk Psychology, and the Human Sciences*, Cambridge 2006, S. 111 ff.

a) Stelle fest, ob sich die Hauptfigur traurig, wütend, ängstlich, eingeschränkt … fühlt
b) Überlege, warum sie sich so fühlt. Liegt es daran, dass es etwas für sie Wichtiges gibt,
   - das sie noch nicht bekommen konnte?
   - das ihr verloren geht oder verloren gehen könnte?
   - das beschädigt wird oder beschädigt werden könnte?

   Was ist dieses Wichtige?[17]

Terminologisch lehnen sich Leubner und Saupe hier an das Erzählmodell von Vladimir Propp an, in welchem die Komplikation als Schädigung oder Mangelsituation bezeichnet wird. Für das Verständnis der vorgeschlagenen Fragen ist wichtig, dass unter »etwas für sie Wichtiges« nicht nur etwas Materielles zu verstehen ist; es kann sich auch um eine Liebesbeziehung, um die Ehre, um erwartete Gerechtigkeit usw. handeln.

Vielfältig sind die produktionsorientierten Möglichkeiten, die sich zur Förderung des empathischen Verstehens an Stellen der narrativen Komplikation bzw. an Dilemmasituationen anschließen lassen:

- Die Schüler(innen) können einen inneren Monolog der Figur, von der die Textstelle handelt, verfassen. Das hält dazu an, sich in die Gedanken und Gefühle der Figur hineinzudenken.
- Eine verwandte Aufgabe besteht darin, Tagebucheinträge oder einen Brief der Figur zu schreiben.
- Auch das Schreiben eines Briefes an die Figur kann hier genannt werden. Zwar wird dabei nicht die Figurenperspektive übernommen wie in den vorher genannten Verfahren, aber

17 Martin Leubner / Anja Saupe, *Erzählungen in Literatur und Medien und ihre Didaktik*, Baltmannsweiler 2006, S. 82.

von einem Brief wird eine Berücksichtigung der Perspektive des Adressaten erwartet, vor allem wenn sich der Inhalt auf eine Situation der Komplikation, in die der Adressat verwickelt ist, bezieht.

- Aus dem Methodenrepertoire der szenischen Interpretation ist besonders die Alter-ego-Technik zu nennen, etwa in der folgenden, wenig aufwendigen Variante: Zu einer Dilemmasituation werden in Gruppenarbeit Argumente für und gegen eine Entscheidung der zur Diskussion stehenden Figur gesammelt. Dann stellen sich ein Schüler oder eine Schülerin vor die Klasse, dahinter auf der einen Seite vier oder fünf Schüler(innen), die je ein Pro-Argument vorbringen, und auf der anderen Seite ebenso viele Schüler(innen) mit je einem Contra-Argument. Die Argumente werden im Wechsel vorgelesen.
- Schließlich kann auch das Weiterschreiben an einer für das Figurenhandeln interessanten Textstelle das empathische Verstehen unterstützen, weil sich die Schüler(innen) dabei überlegen müssen, wie sich die Figur nun verhalten wird.

1.4 *Narrative Mittel der Innensicht*

Zur Vermittlung von Innensicht verfügt die Literatur über verschiedene erzähltechnische Mittel. Für empathische Wirkung sind vor allem die erlebte Rede, der innere Monolog und der Bewusstseinsstrom wichtig.[18] In der Geschichte der Literatur

18 Die gründlichste Analyse dieser Mittel bietet Dorrit Cohn, *Transparent Minds. Narrative Modes for Presenting Consciousness in Fiction*, Princeton 1978. Als neuere Studie vgl. Kathrin Fehlberg, *Gelenkte Gefühle. Literarische Strategien der Emotionalisierung und Sympathielenkung in den Erzählungen Arthur Schnitzlers*, Marburg 2014.

zeigt sich seit dem 19. Jahrhundert eine zunehmende Verwendung solcher Erzähltechniken. Damit verbunden ist eine stärkere Perspektivierung im Sinne personaler Erzählsituationen (nach Stanzel) bzw. interner Fokalisierung (nach Genette). Auch das in der jüngeren Literatur beliebte Erzählen in Ich-Form lässt den Leser besonders stark am Fühlen und Denken der erzählenden Figur teilhaben. Auch die Kinder- und Jugendliteratur hat die modernen innensichtvermittelnden Erzähltechniken immer stärker übernommen. Das ist besonders zu beobachten beim psychologischen Kinder- und Jugendroman, der als charakteristisch für die Entwicklung seit den 1990er Jahren gilt.

Im Literaturunterricht gehören Fragen der Erzählperspektive zur Vermittlung von Analyse- und Interpretationskompetenz. Insbesondere in den oberen Klassenstufen geht es dabei auch um einzelne Erzähltechniken wie erlebte Rede. Da die Übergänge von Erzählerrede zu erlebter Rede vor allem in der modernen Literatur oft sehr fließend sind und vom Leser kaum bewusst wahrgenommen werden, ist genaues Analysieren notwendig, das allerdings nicht immer zu eindeutigen Ergebnissen führt; das kann für den argumentierenden Austausch im Unterricht anregend sein. Ob durch die Analyse erzähltechnischer Mittel allerdings ein empathisches Verstehen gefördert wird, ist fraglich. Wichtig ist auf jeden Fall, dass durch die Analyse der Erzählperspektive ein Bewusstsein dafür geschaffen wird, dass mit literarischen Mitteln eine einseitige Sichtweise erzeugt werden kann. Es gibt Romane, die dem gezielt entgegensteuern, indem sie von Kapitel zu Kapitel die Erzählperspektive wechseln. Ein bekanntes, in der Schule vielbehandeltes Beispiel dafür ist *Sansibar oder der letzte Grund* von Alfred Andersch; ein neueres Beispiel ist *Unter Verdacht* (amerikanisch *Big Mouth & Ugly Girl*) von Joyce Carol Oates, ebenfalls ein im Unterricht gerne eingesetzter Roman.

In unteren Klassenstufen kann die Untersuchung von erzähltechnischen Mitteln der Innensicht vorbereitet werden, etwa mit Fragen wie: Erfahren wir etwas darüber, was im Inneren der Figuren vorgeht, von ihren Gefühlen und Gedanken? Wodurch erfahren wir dies?

Für produktionsorientiertes Arbeiten kommen Verfahren in Frage, die oben schon genannt worden sind, insbesondere das Schreiben von inneren Monologen. Damit wenden die Schüler(innen) ein Verfahren an, das auch die Schriftsteller benutzen. Eine verkürzte Form von inneren Monologen ist das Einfügen von Denkblasen, die den Schüler(inne)n durch die Comics bekannt sind: Sie suchen Textstellen, bei denen man annehmen kann, dass eine Figur sich etwas denkt, was nicht erzählt wird, und formulieren einen möglichen Gedanken als Denkblase. Bei erzählenden Texten mit starker perspektivischer Ausrichtung an der Hauptfigur bietet sich ferner das Umerzählen aus der Sicht einer anderen Figur an, um die Perspektivität bewusst zu machen.

1.5 *Räumliche Atmosphäre*

Der Begriff der Atmosphäre wird in der Fachliteratur noch kaum in Bezug auf empathisches Verstehen diskutiert![19] Eher wird auf den Begriff der Stimmung Bezug genommen. Die beiden Begriffe überschneiden sich und sind in vielen Verwendungssituationen austauschbar. Stimmung ist dabei eher subjektorientiert, Atmosphäre eher raumorientiert – man kann

19 Zum Begriff der Atmosphäre in literaturtheoretischer Sicht vgl. Kaspar H. Spinner, »Atmosphäre als ästhetischer Begriff«, in: Günter Butzer / Hubert Zapf (Hrsg.), *Theorien der Literatur. Grundlagen und Perspektiven*, Bd. 5, Tübingen 2011, S. 201–216.

nicht sagen, man sei guter Atmosphäre, wohl aber, man sei guter Stimmung. In literarischen Texten werden oft Raumatmosphären geschaffen, die mit der inneren Verfassung der Figuren übereinstimmen und entsprechend auf die Rezipienten wirken. Ein besonders prägnantes Beispiel dafür ist Goethes *Faust* mit dem häufigen Wechsel von Schauplätzen; man denke an Fausts Studierzimmer, an die freie Natur beim Osterspaziergang, an den Kerker usw. In den Reden der Figuren wird auf die Raumatmosphäre und die korrespondierende Gemütsverfassung Bezug genommen. Als Beispiel sei die Szene im Dom genannt, in der Gretchen spricht »Mir wird so eng! / Die Mauer-Pfeiler / Befangen mich! / Das Gewölbe / Drängt mich! – Luft!« (V. 3816 ff.) Es sind nicht die Mauern und das Gewölbe als materielle Elemente, die die Wirkung auf Gretchen ausüben, sondern die Enge, also das, was zwischen den Mauern ist. Deshalb ruft Gretchen auch nach Luft, einem atmosphärischen Element. Die von Gretchen gespürte Enge, die im Theater durch ein entsprechendes Bühnenbild zusätzlich vergegenwärtigt werden kann, ist Ausdruck der Lebenssituation, in der sich Gretchen befindet. Die sprachlich und visuell gestaltete Atmosphäre unterstützt so das empathische Verstehen des Lesers bzw. Zuschauers.

Da Atmosphäre als ästhetisches Phänomen zwar starke Wirkung ausüben kann, aber wegen ihrer Unbestimmtheit schwer zu fassen ist, sind die auf sie bezogenen Möglichkeiten im Unterricht eingeschränkt. Zu nennen sind vor allem die folgenden Vorgehensweisen:

- Man kann durch das Vorlesen von Textstellen, in denen räumliche Atmosphäre und psychische Befindlichkeit einer Figur miteinander korrespondieren, den Schüler(inne)n diesen Zusammenhang erlebbar machen. Goethes *Erlkönig* ist ein bekanntes Beispiel, bei dem durch Lehrer- oder Schülervortrag oder durch Anhören einer Aufnahme nächtliche Atmosphäre und Angst des Kindes nachempfunden werden können.

- Ein anderer Zugang erfolgt durch die Anregung, sich bei einer einschlägigen Textstelle vorzustellen, man sei die erzählte Figur und befinde sich am geschilderten Ort. Dazu können Leitfragen gegeben werden wie: Was siehst du? Was hörst du? Was fühlst du? Was denkst du? Antworten können als Notizen aufgeschrieben oder als Assoziationen mündlich geäußert werden.
- Die Bedeutung der Atmosphäre kann auch durch bildnerisches Gestalten verdeutlicht werden, wenn die Schüler(innen) einen Ort, der vom Autor im Text entsprechend geschildert ist, so malen, dass auch die Gefühle der Figur, die sich an diesem Ort aufhält, zum Ausdruck kommen. Bei einem Drama können die Schüler(innen) einen Vorschlag für ein Bühnenbild entwerfen und erläutern.
- Bei ausdrucksstarken Illustrationen in einem Buch kann die Frage, inwiefern durch die visuelle Gestaltung eine Stimmung wiedergegeben wird, die der Befindlichkeit der Figur entspricht, das Bewusstsein und die Sensibilität für atmosphärische empathische Wirkung unterstützen. Bei Märchenbilderbüchern kann dies schon in der Grundschule angesprochen werden; oft ist allein schon die variierende Farbgebung aufschlussreich.

1.6 Leiblichkeit

Als ästhetische Erfahrung hat Atmosphäre mit Leiblichkeit zu tun. Man spürt Atmosphäre, wenn man sich real oder in der Imagination körperlich in ihr befindet. Nach einem Vorschlag von Gernot Böhme, der sich in vielen Publikationen mit der Atmosphäre als ästhetischem Phänomen beschäftigt hat, sind Atmosphären als »Sphären gespürter leiblicher Anwesenheit zu bezeichnen«.[20] Die zitierte Stelle aus dem *Faust* zeigt, wie Goethe gerade auch die leibliche Erfahrung der bedrängenden Atmosphäre herausstellt. Auch im alltäglichen Sprachgebrauch verbindet man das Wort ›Atmosphäre‹ mit dem leiborientierten Verb ›spüren‹ und nicht mit Verben wie ›sehen‹ oder ›hören‹.

Ein anderer leiborientierter Aspekt der Empathie ergibt sich durch die Forschung zu den Spiegelneuronen. Körperliche Verhaltensweisen von literarischen Figuren können die Spiegelneuronen aktivieren und dadurch auch entsprechende Gefühlsreaktionen auslösen. Deshalb kann in einem literarischen Text die Beschreibung des körperlichen Verhaltens einer Figur empathieauslösend wirken. Als Beispiel, wie ein Schriftsteller ein solches Mittel einsetzt, seien zwei Stellen aus Fontanes Roman *Irrungen Wirrungen* zitiert. Zwar gibt der Erzähler, wie das für Fontane typisch ist, ausführlich Gedanken und Gefühle von Figuren wieder und diese äußern sich auch ausgiebig in Gesprächen über ihre Gedanken. Aber an entscheidenden Stellen kann es auch nur die Wiedergabe einer körperlichen Reaktion sein, die ein empathisches Verstehen auslöst, so, als Lene ihren ehemaligen Geliebten mit seiner Frau wiedersieht und beschrieben wird, wie sie dann an den Häusern hintappt, in einen Vorgarten tritt und, »einer Ohnmacht nah«, sich auf die Stufe einer Freitreppe setzt.[21] Viel knapper, aber ebenfalls sehr

20 Gernot Böhme, »Atmosphären wahrnehmen, Atmosphären gestalten, mit Atmosphären leben: Ein neues Konzept ästhetischer Bildung«, in: Rainer Goetz / Stefan Graupner (Hrsg.), *Atmosphäre(n). Interdisziplinäre Annäherungen an einen unscharfen Begriff*, Bd. 1, München 2007, S. 31–43, hier S. 37 f.

21 Theodor Fontane, *Sämtliche Werke*, Bd. 1, hrsg. von Walter Keitel, Darmstadt 1968, S. 575.

prägnant ist später im Roman die Beschreibung von Bothos Reaktion, als Gideon Franke bei seinem Besuch den Namen Lene Nimptsch erwähnt. »Botho fuhr zurück«, heißt es im Text, eingeschoben in die direkte Rede von Franke.[22] Mehr ist nicht nötig, damit sich der Leser Bothos Gefühle ausmalen kann.

Schließlich gehören leibliche Reaktionen auch zu den alltäglichen Lese-Erfahrungen, wenn einem bei einer rührenden Szene die Tränen kommen oder wenn man bei einem Schauerroman Gänsehaut bekommt. Körperliche Erfahrungen gehören auch zu den frühesten literarischen Erfahrungen der Kleinkinder, wenn sie gewiegt und Wiegenlieder dazu gesungen werden oder wenn Kniereiterverse gesprochen und die entsprechenden Bewegungen gemacht werden. Sprachmelodie und Rhythmus poetischer Sprache werden so körperlich gespürt. Man kann sagen, dass die rhythmische Gestaltung von Sprache in der Literatur – in Lyrik, Epik und Dramatik – grundsätzlich auf eine leibgebundene Erfahrung zielt.

Leiblichkeit ist beim Lesen allerdings auch in gewisser Weise suspendiert. Während in mündlicher Kommunikation der Sprecher als Gegenüber leibhaft vorhanden ist und damit körperliche Getrenntheit erfahren wird, ist der Leser mit dem Buch allein und kann seine eigene Leiblichkeit vergessen. Das unterstützt das empathische Lesen. In der Epoche der Empfindsamkeit spielte diese Lese-Erfahrung als Austausch von Seele zu Seele eine besonders große Rolle. Der fiktive Herausgeber in Goethes *Werther* spricht den Leser entsprechend als »gute Seele«[23] an. Albrecht Koschorke charakterisiert die empfindsame Lektüre als eine »Abstreifung des Äußerlichen, die es

22 Ebd., S. 598.

23 Johann Wolfgang Goethe, *Sämtliche Werke, Briefe, Tagebücher und Gespräche*, Bd. 8, hrsg. von Waltraud Wiethölter, Frankfurt a. M. 1994, S. 11.

ermöglicht, daß die hüllenlosen Innerlichkeiten ineinanderfließen«.[24] Die Aufhebung der leiblichen Getrenntheitserfahrung bedeutet nun allerdings nicht eine Aufhebung körperlicher Empathie, sondern unterstützt sie gerade: In der Imagination kann man sich bei der einsamen Lektüre auch mit seinen körperlichen Empfindungen in eine literarische Figur hineinversetzen. Interessant ist auch, dass man sich beim einsamen Lesen weniger als bei einer *face-to-face*-Kommunikation für körperliche Reaktionen schämt, ähnlich wie viele Kinogänger in der Dunkelheit des Kinosaals den Tränen ihren Lauf lassen, aber sich am Ende, wenn es hell wird und man wieder andere Filmbesucher sieht und gesehen wird, die Augen schnell trocknen und die Zeichen der Rührung verwischen.

Im Unterricht ist es sinnvoll, die Schüler(innen) darauf aufmerksam zu machen, dass die Beschreibung körperlicher Reaktionen und Verhaltensweisen im Hinblick auf dahinterstehende Gefühle und Gedanken der Figuren interpretiert werden können. Ferner kann die leibgebundene Empathie bei Literatur dadurch erfahrbar gemacht werden, dass die Schüler(innen) Texte gestaltend vorlesen oder auswendig vortragen. Dazu eignet sich auch der Vortrag in Gruppen oder sogar mit der ganzen Klasse, eventuell als szenisches Vorlesen mit sparsamer Gestik und bewusst arrangierter Aufstellung im Raum. Im eigenen Sprechen kann der literarische Text so auch körperlich erfahren werden. Besonders ausgeprägt ist dies beim Poetry-Slam, der seit einiger Zeit auch in der Schule eine größere Rolle spielt. Eine zentrale Bedeutung hat das körperliche Nachempfinden bei den Methoden der szenischen Interpretation. Deren Hauptvertreter Ingo Scheller hat viele Mög-

24 Albrecht Koschorke, *Alphabetisation und Empfindsamkeit,* in: Hans-Jürgen Schings (Hrsg.), *Der ganze Mensch. Anthropologie im 18. Jahrhundert,* Stuttgart/Weimar 1994, S. 605–628, hier S. 611.

lichkeiten gezeigt, wie man die körperliche Einfühlung in Figuren unterstützen kann.[25]

2. Identität und Alterität

Empathie ist möglich, weil man im anderen Menschen bzw. in den literarischen Figuren etwas wiederfindet, was man selbst erfahren hat. Aber zur Empathie gehört auch die Wahrnehmung der »Nicht-Ähnlichkeit«[26], denn nur dadurch kann Empathie Fremdverstehen und nicht nur Projektion eigener Subjektivität sein; Empathie ist Wiedererkennen von Eigenem und Erfahrung von Andersheit. Deshalb wird in literarischen Texten eine nur identifikatorische Empathie auch gestört. Dies erfolgt vor allem durch die drei folgenden literarischen Mittel:

- Moralische Zweideutigkeit: Viele Helden der Literatur sind moralisch widersprüchlich gestaltet. Michael Kohlhaas, der vom Erzähler als »einer der rechtschaffensten zugleich und entsetzlichsten Menschen seiner Zeit«[27] bezeichnet wird, ist ein extremes Beispiel dafür.
- Rätselhafte Entscheidungen, enigmatische Figuren: Identifikation mit einer Figur wird auch eingeschränkt, wenn diese seltsame Entscheidungen trifft oder wenn eine Figur insgesamt rätselhaft wirkt. Ein Beispiel ist Agnes im gleich-

25 Vgl. z. B. Scheller (s. Anm. 13), S. 50 ff.

26 Breithaupt (s. Anm. 8), S. 64. Vgl. dazu auch Norbert Meuter, *Identität und Empathie. Über den Zusammenhang von Narrativität und Moralität*, in: Karen Joisten (Hrsg.), *Narrative Ethik. Das Gute und das Böse erzählen*, Berlin 2007, S. 45–59.

27 Heinrich von Kleist, *Sämtliche Werke. Berliner Ausgabe*, Bd. II/1, hrsg. von Roland Reuß und Peter Staengle, Basel / Frankfurt a. M. 1990, S. 63.

namigen Roman von Peter Stamm.[28] Der Roman hört damit auf, dass Agnes die Wohnung, in der sie mit dem Icherzähler wohnt, verlassen hat. Ob sie Suizid begangen hat, bleibt ebenso offen wie der Grund ihres Weggehens. Stamm selber hat dazu gesagt, er wisse auch nicht, ob Agnes sich umgebracht habe.[29]

– Ironie: Mit dem Mittel der Ironie kann ein Autor Distanz zu den Figuren schaffen. Ein Meister dieser literarischen Technik ist Thomas Mann. Hier sei die Kussszene mit Tony und Morten aus den *Buddenbrooks* zitiert: »Sie antwortete nicht, sie sah ihn nicht einmal an, sie schob nur ganz leise ihren Oberkörper am Sandberg ein wenig näher zu ihm hin, und Morten küßte sie langsam und umständlich auf den Mund. Dann sahen sie nach verschiedenen Richtungen in den Sand und schämten sich über die Maße.«[30] Die Liebesbeziehung scheint hier in einer zart und zugleich gefühlsintensiv geschilderten Situation zu kulminieren, aber der zweite Satz (»Dann« …) bringt einen anderen Ton und lässt die Stimmung umkippen, in gewisser Weise schon vorbereitet durch das »umständlich« im Satz vorher. So entsteht eine ironische Distanz zur Liebesszene und das empathische Mitempfinden des Lesers erhält einen Dämpfer. Besonders subtile Formen von ironisierter Empathie ermöglicht die indirekte Rede, die einerseits Gedanken und Gefühle einer Figur so wiedergibt, als wenn diese sich äußern würde, aber durch die Er-Form doch eine Distanz bewahrt, die der Erzähler für ironische Distanzierung nutzen kann.[31]

28 Peter Stamm, *Agnes. Roman*, Zürich/Hamburg ²1998.
29 www.peterstamm.ch/agnes.php [Stand: 11. 2. 2022].
30 Thomas Mann, *Buddenbrooks. Verfall einer Familie*, hrsg. von Eckhard Heftrich, Frankfurt a. M. 2002, S. 158.
31 Vgl. dazu Cohn (s. Anm. 18), S. 116 ff., und James Wood, *How Fiction Works*, London 2008, S. 11 ff.

Für den Unterricht sind Texte, die sowohl zur Empathie einladen als auch Alteritätserfahrung ermöglichen, nicht nur deshalb besonders geeignet, weil sie differenzierte, reflektierte Empathie-Erfahrungen ermöglichen, sondern weil sie anregend für die Interpretation sind – man denke nur an die zitierte Passage aus den *Buddenbrooks*, die die Frage nahelegt, warum denn die beiden nach verschiedenen Richtungen in den Sand schauen und sich schämen. Als weitere didaktische Folgerung aus dem Alteritätsaspekt ist anzuführen, dass bei der Charakterisierung literarischer Figuren und der Interpretation ihres Verhaltens oft einiges offenbleiben muss, vor allem wenn ein Autor seine Figuren bewusst widersprüchlich oder rätselhaft gestaltet oder ironische Distanz zu ihnen schafft. Es ist in solchen Fällen durchaus angemessen, wenn bei der Interpretation von Gefühlen, Gedanken und Handlungsmotiven einer Figur nur Vermutungen geäußert werden.

3. Schluss

»Ich fühle, was die literarische Figur fühlt«, diente oben als Eingangsdefinition für literarische Empathie. Sie ist erweitert worden durch den kognitiven Aspekt des Fremdverstehens und durch die Alteritätserfahrung. Empathie muss nicht heißen, dass ich mich mit Gefühlen und Gedanken einer Figur identifiziere, wohl aber, dass ich sie nachvollziehen kann.

Die literarische Empathie ist hier, wie das auch in der einschlägigen Forschung der Fall ist, vor allem im Hinblick auf narrative und dramatische Texte erörtert worden. Sie spielt allerdings auch in lyrischen Texten eine Rolle als Empathie mit dem lyrischen Ich.

Abschließend sei festgehalten, dass Empathie-Erfahrung durch literarische Texte nicht nur ein wesentliches Charakteristikum von Literarizität ist, sondern dass sie als Beitrag zur Entwicklung psychologischen Verstehens und zur Werteerziehung über die literarische Verstehenskompetenz hinausreicht und damit einen Aspekt allgemeiner Bildung darstellt.

Editorische Notiz und Textnachweise

Die Auswahl der Texte besorgte der Autor. Als Druckvorlagen dienten die im Folgenden angegebenen Erstdrucke der Aufsätze. Sie sind – von wenigen redaktionellen Eingriffen des Autors abgesehen – unverändert wiedergegeben. Die Orthographie wurde den heute gültigen Regeln angepasst. Offensichtliche Setzfehler wurden stillschweigend korrigiert, Titelauszeichnungen und bibliographische Nachweise vereinheitlicht sowie Verlinkungen auf Internetseiten ggf. aktualisiert.

Literarisches Lernen. In: Praxis Deutsch 33 (2006) H. 200. S. 6–16.

Sprachlich-literarische Bildung oder Lese-, Sprech- und Schreibkompetenz? In: Gerhard Härle / Bernhard Rank (Hrsg.): »Sich bilden, ist nichts anders, als frei werden.« Sprachliche und literarische Bildung als Herausforderung für den Deutschunterricht. Baltmannsweiler: Schneider Hohengehren, 2008. S. 211–223.

Kreatives Schreiben zu literarischen Texten. In: Ulf Abraham / Claudia Kupfer-Schreiner / Klaus Maiwald (Hrsg.): Schreibförderung und Schreiberziehung. Eine Einführung für Schule und Hochschule. Donauwörth: Auer, 2005. S. 109–119. [Querverweise auf hier nicht abgedruckte weitere Aufsätze im Sammelband wurden getilgt.]

Werteorientierung im literarisch-ästhetischen Unterricht. In: Eva Matthes (Hrsg.): Werteorientierter Unterricht – eine Herausforderung für die Schulfächer. Donauwörth: Auer, 2004. S. 102–113.

Von der Filmerfahrung zur literarischen Textanalyse. In: Hartmut Jonas / Petra Josting (Hrsg.): Medien – Deutschunterricht – Ästhetik. Jutta Wermke zum 60. Geburtstag gewidmet. München: kopaed, 2004. S. 199–206.

Ästhetische Bildung und Literaturunterricht. In: Carola Rieckmann / Jessica Gahn (Hrsg.): Poesie verstehen – Literatur unterrichten. Baltmannsweiler: Schneider Hohengehren, 2013. S. 17–34.

Symbolisches Verstehen als Kernkompetenz des poetischen Verstehens. In: Iris Winkler / Nicole Masanek / Ulf Abraham (Hrsg.): Poetisches Verstehen. Literaturdidaktische Positionen – empirische Forschung – Projekte aus dem Deutschunterricht. Baltmannsweiler: Schneider Hohengehren, 2010. S. 55–67.

Wie Fachwissen das literarische Verstehen stört und fördert. In: Irene Pieper / Dorothee Wieser (Hrsg.): Fachliches Wissen und literarisches Verstehen. Studien zu einer brisanten Relation. Frankfurt a. M.: Lang, 2012. S. 53–69.

Empathie beim literarischen Lesen und ihre Bedeutung für einen bildungsorientierten Literaturunterricht. In: Jörn Brüggemann / Mark-Georg Dehrmann / Jan Standke (Hrsg.): Literarizität. Herausforderungen für Literaturdidaktik und Literaturwissenschaft. Baltmannsweiler: Schneider Hohengehren, 2016. S. 187–200.

Nachwort

Von Hans Lösener

Wie kaum ein anderer seiner Generation hat Kaspar H. Spinner eine Epoche der Deutschdidaktik geprägt. Sie steht im Zeichen des »handlungs- und produktionsorientierten Literaturunterrichts«, der seit seiner Begründung in den 1980er Jahren von heftigen Kontroversen begleitet wurde, an denen sich Spinner mit richtungsweisenden Beiträgen beteiligt hat. Seinem Einsatz für produktive Verfahren im Literaturunterricht wird man auch in dem vorliegenden Band begegnen: einführend in dem Beitrag *Kreatives Schreiben zu literarischen Texten* und immer wieder in den Unterrichtsvorschlägen, die sich in fast allen hier versammelten Aufsätzen finden. Aber das thematische Spektrum dieses Bandes geht weit darüber hinaus und zeugt von der Vielfalt und der Aktualität seines didaktischen Denkens insgesamt.

Wenn man sich mit Spinners Einfluss auf die Entwicklung des Deutschunterrichts beschäftigt, begegnen einem zwei Autoren: ein Kaspar H. Spinner, der überall zitiert, aber häufig nur flüchtig gelesen wird und dessen Konzepte auf wenige Schlagwörter zusammengeschrumpft sind, und ein Autor gleichen Namens, der Literaturtheorie und Literaturdidaktik zusammendenkt und für eine gleichermaßen anthropologische, pädagogische wie poetische Ausrichtung des Literaturunterrichts eintritt. Nur wer seine Texte im Zusammenhang liest – wozu dieser Band einlädt –, wird auch diesen zweiten Kaspar H. Spinner kennenlernen und feststellen, dass es ihm nicht um einzelne Unterrichtsverfahren oder isolierte Konzepte zu tun ist, sondern um eine *Gesamttheorie* des Literaturunterrichts, die nur zu haben ist, wenn literatur- und sprachtheoretische Perspektiven mit anthropologischen und pädagogischen verschmelzen. Die Konsequenz, mit der dies bei ihm geschieht, erklärt die Wirkmächtigkeit seines Ansatzes. Das gilt auch für das Konzept des *Literarischen Lernens*, das vor allem durch eine Publikation unlösbar mit seinem Namen verbunden ist, dem gleichnamigen, 2006 erschienenen Basisartikel aus der Zeitschrift *Praxis Deutsch*, der die Reihe der Texte in diesem Band eröffnet. Dass gerade diese Publikation zu einem Paradebeispiel für die doppelte Rezeption werden konnte, die so bezeichnend für das Echo auf Spinners Arbeiten ist, hat mit der historischen Situation ihrer Entstehung zu tun.

Nach Bekanntwerden der Ergebnisse der ersten PISA-Studie 2000 und dem Bildungsschock, den der hohe Prozentsatz an schwachen Leseleistungen in Deutschland auslöste, kam es zu einer Schwerpunktverlagerung in der Literaturdidaktik. Standen bis dahin Fragen der Subjektivität in literarischen Lernprozessen im Mittelpunkt, so ging es von nun an verstärkt um die Vereinbarkeit von subjektiv-gestaltenden Lernprozessen mit der Möglichkeit einer standardisierbaren Kompetenzorientierung im Literaturunterricht. Wie groß das Dilemma war, vor das dieser Anspruch die Didaktik stellte, lässt sich an der beinahe euphorischen Rezeption ermessen, die Spinners Basisartikel erfuhr. Der überwiegend thesenartig formulierte Beitrag wurde als programmatische Grundlegung eines neuen Paradigmas begrüßt, das Kompetenzorientierung und literarisches Lernen miteinander zu versöhnen versprach. Seitdem fehlen Spinners »elf Aspekte des literarischen Lernens« in keiner Einführungsvorlesung in die Literaturdidaktik und in keinem schulpraktischen Unterrichtsentwurf zum literarischen Lernen. Zweifellos hat Spinners griffige Taxonomie die didaktische Diskussion bereichert (vgl. *Leseräume* 2015), dennoch ist sein wohl einflussreichster Diskussionsbeitrag zugleich derjenige, der den stärksten Missverständnissen ausgesetzt war und ist. Sie beginnen bereits mit dem Begriff des

Aspekts, der vorschnell mit dem der Kompetenz gleichgesetzt wurde. Zugegeben, Spinner selbst legt eine solche Annäherung in seinen Ausführungen nahe, aber er behält doch eine vorsichtige Skepsis bei, wenn er dann doch von Aspekten und eben nicht von Kompetenzen spricht. Diese Skepsis wird überlesen, wenn Spinners »elf Aspekte« in studentischen Unterrichtsentwürfen immer wieder als pauschale Lern- oder Kompetenzziele aufgeführt werden. Dort liest man dann nur allzu oft: »Diese Aufgabe zum literarischen Lernen dient der Förderung von Imagination und Fremdverstehen.« Mit dieser Behauptung ist es jedoch nicht getan, denn sowohl »Imagination« als auch »Fremdverstehen« sind zunächst einmal notwendige *Voraussetzungen* für jedwede Art literarischen Lernens. Man muss bereits über sie verfügen, wenn man Literarisches auf literarische Weise verstehen will. Lernvoraussetzungen sind aber etwas anderes als Lernziele. Wer das eine mit dem anderen verwechselt, verfehlt beide und unterminiert bereits bei der Planung des Unterrichts dessen Erfolgsaussichten. Deshalb lohnt es sich, genauer hinzuschauen, was Spinner mit dem Begriff der Imagination eigentlich meint. Wenn er in vielen seiner Texte auftaucht, so deshalb, weil Imagination einen primären Modus des literarischen Erlebens darstellt und weil Spinner nicht müde wird, Erfahrungsräume für das eigene literarische Erleben im Literaturunterricht einzufordern – von der ersten Klasse der Primarstufe an bis zu den Abschlussklassen der weiterführenden Schulen. Damit dieses Erleben zu einer Lernerfahrung werden kann, bedarf es allerdings immer auch der reflektierenden Auseinandersetzung mit den gemachten Erfahrungen im Hinblick auf den Text und seine jeweilige sprachliche Gestaltung. Darin liegt eine gern überlesene Pointe seiner produktiven Unterrichtsideen und darum geht es ihm auch, wenn er über *Symbolisches Verstehen als Kernkompetenz des poetischen Verstehens* nachdenkt oder darüber, *Wie Fachwissen das literarische Verstehen stört und fördert*, oder wenn er Vorschläge macht, wie die Potenziale der Filmanalyse für die Textarbeit genutzt werden können (*Von der Filmerfahrung zur literarischen Textanalyse*).

Den Gefahren einer banalisierenden Lektüre von Spinners Plädoyer für die Aspekte des literarischen Lernens kann man entgehen, wenn man Spinner mit Spinner liest und sich die Mühe macht, auch diejenigen seiner Texte zur Kenntnis zu nehmen, denen weniger Aufmerksamkeit zuteilwurde, die aber die notwendigen Präzisierungen für seine didaktischen Konzepte liefern. Wenn man etwa wissen will, was es mit dem Fremdverstehen auf sich hat, auf das Spinner immer wieder Bezug nimmt, sollte man den in diesem Band enthaltenen Beitrag zur *Empathie beim literarischen Lesen und ihre Bedeutung für einen bildungsorientierten Literaturunterricht* zur Kenntnis nehmen. Darin schlägt er eine einfache Systematik zu literarischen Verfahren der Empathielenkung vor und erläutert deren Relevanz für die Arbeit mit literarischen Texten im Unterricht. Empathie und Fremdverstehen treten so aus einer ungreifbaren Sphäre des rein Psychologischen heraus und werden zu Erfahrungsmomenten der Textbegegnung, die einer analytischen Bewusstmachung zugänglich sind. Denn literarisches Verstehen kann man nur fördern, wenn die Lernenden erkennen, was beim Lesen eigentlich geschieht. Mag sich Fremdverstehen auf der Rezipientenseite auch wie ein automatisch ablaufender Vorgang anfühlen, textseitig wird er von Verfahren und Strategien gestaltet, die sich aus der Spezifik des Poetischen ergeben (vgl. Vellusig 2013).

Mit Gewinn wird man den Band auch in Hinblick auf den längst inflationär gebrauchten Begriff der Kompetenz lesen (Lösener 2010). Dass er für schulische Lernprozesse unverzichtbar ist, steht für Spinner außer Frage, in welcher Beziehung er zur Perspektive der literarischen Bildung steht, bedarf dagegen einer theoretischen Klärung, für die er eine schlüssige Modellierung vorschlägt (*Sprachlich-literarische Bildung oder Lese-, Sprech- und Schreibkompetenz?*). Dabei wird einsichtig, warum Bildungs- und Kompetenzorientierung nicht gegeneinander ausgespielt werden können und inwiefern sich beide Perspektiven voraussetzen. Wer Bildung ohne Kompetenzorientierung denken will, gibt seinen didaktischen Anspruch preis, wer auf einen umfassenden Bildungsanspruch verzichtet, entleert die Lerninhalte ihrer Lebensbezüge. Die in diesem Band enthaltenen Aufsätze machen deutlich, warum die Frage der Bildung für Spinner im Zentrum steht. Spinner gehört zu den wenigen Didaktikern, die eine eigene Bildungstheorie für das literarische Lernen entwickelt haben, anstatt die Anforderungen des Literaturunterrichts in den Dienst einer vorgegebenen Bildungsauffassung zu stellen. Deshalb wird man bei ihm fündig, wenn man einen Gegenentwurf sucht zum Ideal bürgerlicher Bildung mit ihren bekannten Distinktions- und Exklusionsmechanismen. Literarische Bildung ist für Spinner der Ausbau der eigenen Handlungs-, Denk- und Wahrnehmungsmöglichkeiten durch die spezifischen Modi der literarischen Erfahrung – unabhängig von Alter, Geschlecht, kulturellem Hintergrund oder Vorwissen der Lernenden. So erklärt sich auch sein Bemühen, die Arten und Weisen dieser Erfahrung kategorial zu erfassen und weiter auszudifferenzieren (*Ästhetische Bildung und Literaturunterricht*) und sie in ihrer Wechselwirkung mit anderen Aspekten der Persönlichkeitsentwicklung zu beschreiben (*Werteorientierung im literarisch-ästhetischen Unterricht*).

Lebendige Theorien sind solche, die weitergedacht werden, weil die Fragen, von denen sie ausgehen, noch immer unsere Fragen sind. Spinners Bildungstheorie des literarischen Lernens ist in diesem Sinne lebendig, auch durch die Fragen, die in ihr selbst unbeantwortet bleiben. Dazu gehört das etwa von

Ulrike Siebauer analysierte Problem der Beziehung zwischen subjektiver Leseerfahrung und systematischer Arbeit am Verstehen (Siebauer 2015), für das sich bei Alexander Lindner theoretische und praktische Lösungsvorschläge finden (Lindner 2017), und es gilt für die enormen sprachlichen Herausforderungen, vor denen der Deutschunterricht gegenwärtig steht. Wer Spinner weiterdenken will, wird literarisches und sprachliches Lernen konsequent miteinander verknüpfen müssen, im Hinblick auf jeden einzelnen Aspekt literarischen Lernens und in Bezug auf den Deutschunterricht insgesamt (Haueis/Lösener 2022). Auf Spinners anthropologischen Bildungsbegriff wird man dabei ebenso wenig verzichten können wie auf seine didaktischen Konzepte und seine inspirierenden Unterrichtsideen.

Literaturhinweise

Haueis, Eduard / Lösener, Hans: Die sprechbare Schrift. Zur Sprachlichkeit des literarischen Denkens im Deutschunterricht. Berlin: Lang, 2022.

Leseräume. Zeitschrift für Literalität in Schule und Forschung 2 (2015). Themenheft: Elf Aspekte des literarischen Lernens auf dem Prüfstand. http://leseräume.de/?page_id=308 (Stand: 11. 2. 2022).

Lindner, Alexander: Von der Leerstelle zur Unbestimmtheitserfahrung. Baltmannsweiler: Schneider Hohengehren, 2017.

Lösener, Hans: Ist das literarische Lesen eine Kompetenz? Überlegungen zur Kompetenzorientierung in den Bildungsstandards. In: Hermann von Laer (Hrsg.): Was sollen unsere Kinder lernen? Zur politischen Diskussion nach den PISA-Studien. Berlin: Lit Verlag, 2010. S. 41–56.

Siebauer, Ulrike: Das Wechselspiel von subjektiver Involviertheit und genauer Textwahrnehmung – Anmerkungen zu einer bildungsbedeutsamen Beziehung. In: Leseräume. Zeitschrift für Literalität in

Schule und Forschung 4 (2015) S. 129–139. http://leseräume.de/?page_id=308 (Stand: 11. 2. 2022).
Vellusig, Robert: Das Erlebnis und die Dichtung. Studien zur Anthropologie und Mediengeschichte des Erzählens. Göttingen: Wallstein, 2013.